L'ESPAGNOL ÉCONOMIQUE ET COMMERCIAL

Langues pour tous

Collection dirigée par Jean-Pierre Berman, Michel Marcheteau et Michel Savio

ESPAGNOL

- Pour être opérationnel rapidement :
  - **L'espagnol tout de suite !** (CD)
- Pour s'initier avec un « tout en un » :
  - **40 leçons pour parler espagnol** (CD)
- Pour mieux s'exprimer et mieux comprendre :
  - **Communiquez en espagnol** (K7)
- Pour se perfectionner et connaître l'environnement :
  - **Se perfectionner en espagnol** (CD)
- Pour évaluer et améliorer votre niveau :
  - **200 tests pour progresser en espagnol**
- Pour aborder la langue spécialisée :
  - **L'espagnol économique et commercial** (20 dossiers)
  - **La correspondance commerciale espagnole**
  - **Dictionnaire économique, commercial et financier**
  - **Score espagnol commercial : testez votre niveau**
  - **L'espagnol au téléphone tout de suite !** (CD)
  - **L'espagnol en réunion tout de suite !** (CD)
- Pour s'aider d'ouvrages de référence :
  - **Grammaire espagnole pour tous**
  - **Vocabulaire de l'espagnol moderne**
  - **Civilisation espagnole**
- Pour prendre contact avec des œuvres en version originale :
  - **Série bilingue :**

L'espagnol par les chansons (CD)
Borges (Jorge Luis) :
- Histoire universelle de l'infamie

Nouvelles espagnoles contemporaines

Nouvelles hispano-américaines :
- Vol. I - Des Andes aux Caraïbes
- Vol. II - Rêves et Réalités

M. V. Montalbán
- Vu des toits

- **Série Monolingue**
  Zoé Valdès
  - Cuentos de la Habana

(K7) (CD) = Existence d'un coffret : Livre + K7 ou (CD)
Attention : Les cassettes et (CD) ne peuvent être vendues séparément du livre.
➨ Le livre seul est disponible.

Autres langues disponibles dans les séries de la collection **Langues pour tous :**
ALLEMAND - ANGLAIS - AMÉRICAIN - ARABE - CHINOIS - FRANÇAIS - GREC HÉBREU - ITALIEN - JAPONAIS LATIN - NÉERLANDAIS - OCCITAN - POLONAIS PORTUGAIS - RUSSE - TCHÈQUE - TURC

LANGUES POUR TOUS
Collection dirigée par
J.-P. Berman, M. Marcheteau et M. Savio

L'ESPAGNOL ÉCONOMIQUE ET COMMERCIAL

20 dossiers sur la langue des affaires

par Jean Chapron et Pierre Gerboin

POCKET

ISBN : 978-2-266-17225-7

SOMMAIRE

PRÉSENTATION

Le but de cet ouvrage est de vous permettre une acquisition rapide des connaissances de base nécessaires à la pratique de l'espagnol économique et commercial. En 20 dossiers, il traite des principaux aspects de la vie de l'entreprise.

DOSSIERS I à XVI : ils sont divisés en deux parties.

A) **Situations (situaciones)**

Vous y trouverez les diverses péripéties de la vie quotidienne d'une société espagnole « Pielujo », depuis le recrutement d'un nouvel employé jusqu'à l'introduction d'un système informatique, en passant par un conflit syndical ou le lancement d'un nouveau produit.

- **En espagnol et sur les pages de gauche,** ces situations sont généralement présentées sous forme de dialogues ou de courtes descriptions. Elles portent les références A 1, A 2, etc.
- Étudiez-les, en vous reportant à la **traduction sur les pages de droite.**
- Établissez votre **liste de vocabulaire,** que vous pouvez ajouter à celle qui est proposée **en fin de dossier.**

B) **Documentation (documentación)**

Cette seconde partie est un outil de travail qui complète le domaine exploré en A. Elle présente sous les références B 1, B 2, etc. :

- des **textes en espagnol,** sur les pages de gauche, qui illustrent le dossier de façon plus technique. Étudiez-les en vous reportant à la **traduction** et complétez votre liste de vocabulaire.
- des modèles en français, dits **phrases types,** sur les pages de gauche. Essayez de les traduire et reportez-vous pour contrôle à la traduction en espagnol sur les pages de droite. Efforcez-vous de les mémoriser.
- un **lexique spécialisé** qui donne, pour chaque dossier, l'essentiel des mots ou expressions à connaître.

DOSSIERS XVII et XVIII

Ils offrent une initiation à la langue technique de la bourse et de l'économie générale.

DOSSIERS XIX et XX

Ils permettent une familiarisation au langage de la communication orale (modèles de conversations téléphoniques) et écrite (principes de base de la correspondance commerciale, phrases clés et modèles de lettres).

DOSSIERS X bis et XX bis

Ils présentent une série d'exercices de contrôle et de tests suivis de leurs corrigés.

INDEX

Il permet la recherche rapide de points particuliers.

I

OFERTAS DE EMPLEO, CANDIDATURAS

OFFRES D'EMPLOI, CANDIDATURES

A. Situaciones

A 1. Una oferta de empleo
A 2. Carta de candidatura
A 3. Historial
A 4. Decidida la entrevista

B. Documentación

B 1. Fichero de vocabulario
B 2. Otras ofertas
B 3. Fichero de frases

Guión

Si Ud consulta la sección de los anuncios por palabras de los periódicos más importantes, podrá ver, entre otras cosas, lo que a continuación le presentamos. No siempre es fácil ver claro y distinguir lo mejor de lo bueno. Nos proponemos ayudarle, contándole la historia de Manuel García. Es un joven de 30 años que de momento ocupa un puesto interesante, eso sí, pero que no le satisface plenamente. Quisiera cambiar, tener más responsabilidades.

Vamos a ver lo que ocurre.

Scénario

Si vous consultez la rubrique des Petites Annonces des journaux les plus importants, vous pourrez voir, entre autres, ce que nous allons vous présenter plus loin. Il n'est pas toujours facile d'y voir clair et de distinguer le meilleur du bon. Nous nous proposons de vous aider, en vous racontant l'histoire de Manuel Garcia. C'est un jeune homme de 30 ans qui, pour l'instant, occupe un poste intéressant, certes, mais qui ne le satisfait pas pleinement. Il voudrait changer, avoir davantage de responsabilités.

Nous allons voir ce qui arrive.

El primer productor nacional del calzado
PIELUJO
precisa
un DIRECTOR DE MARKETING

SE EXIGE

– Titulación universitaria
– Conocimientos y experiencia en el campo del marketing
– Dedicación plena y alto sentido de responsabilidad
– Dominio del francés y del inglés
– Dispuesto a viajar

FUNCIONES

– Elaboración de planes estratégicos de los productos actuales
– Identificación de nuevos mercados
– Lanzamiento de nuevos productos
– Estudio de mercado, competencia, posicionamiento, promoción, previsiones, etc.

SE OFRECE

– Puesto de alto nivel decisorio
– Ingresos anuales de 45 000 a 50 000 euros, según valía y experiencia
– Incorporación inmediata
– Jornada continua
– Ventajas asistenciales interesantes

INTERESADOS escribir a mano adjuntando historial y teléfono de contacto, al apartado nº 617, MADRID 15, indicando en el sobre la referencia : B.M. 1435.
Todas las solicitudes serán contestadas. Durante el proceso de selección, se mantendrá la máxima discreción.

Le premier fabricant national de chaussures
PIELUJO
recherche
un DIRECTEUR DE MARKETING

SONT EXIGÉS

- Diplômes universitaires
- Connaissances et expérience dans le domaine du marketing
- Emploi à plein temps et sens aigu de la responsabilité
- Parfaite connaissance du français et de l'anglais
- Disponibilité pour voyages

FONCTIONS

- Élaboration de plans stratégiques de la production actuelle
- Identification de nouveaux débouchés
- Lancement de nouveaux produits
- Étude de marché, concurrence, positionnement, promotion, prévisions, etc.

SONT OFFERTS

- Poste à haut niveau de décision
- Revenus annuels de 45 000 à 50 000 euros selon valeur et expérience
- Embauche immédiate
- Journée continue
- Avantages sociaux intéressants

Les personnes intéressées doivent envoyer lettre manuscrite avec C.V. et n° de téléphone pour contact à la boîte postale n° 617, Madrid 15, en indiquant sur l'enveloppe la référence : B.M. 1435.
Il sera répondu à toutes les demandes. Pendant les opérations de sélection, la plus grande discrétion sera observée.

 Carta de candidatura

Distinguidos Señores :
Me ha llamado la atención su anuncio inserto en « El País » de ayer con la referencia B.M. 1435 porque tengo el sentimiento de corresponder a las condiciones que Uds requieren.
Por eso me permito enviarles adjunto mi historial académico y profesional. Les proporcionaré, cuando quieran, las referencias de personas y entidades que podrán testimoniar de mi eficacia y seriedad. Es particularmente este último punto que me incita a cambiar de puesto ya que el que ocupo actualmente no me parece satisfactorio a este respecto.
Quedo a su entera disposición para cualquier entrevista, cuando y donde quieran.
Les saluda atentamente,

Manuel GARCÍA

I A 3 **Historial**

Manuel GARCÍA
Nacido el 14 de mayo de 1960, en Burgos
Nacionalidad española
Soltero
Dirección : Los Ángeles, 11. MADRID 16
Teléfono (horas de oficina) : 258.69.51 extensión 165

Empleo actual :
Subdirector del marketing de « Cueros y Pieles SA » desde 2000

Empleos anteriores :
1983-1985 : varios puestos comerciales en « Citroen Hispania »
1982 : seis meses en Londres, otros seis en París para perfeccionar inglés y francés.

Historial académico :
1981 : diploma de la Escuela superior de gestión y comercio de Madrid
1978 : Bachillerato, mención sobresaliente

Messieurs,

Votre annonce parue hier dans « El País » sous la référence B.M. 1435 a retenu mon attention parce que j'ai le sentiment de correspondre aux conditions que vous exigez.

C'est pourquoi je me permets de vous envoyer ci-joint mon curriculum vitae universitaire et professionnel. Je vous fournirai quand vous voudrez les références de personnes et d'organismes qui pourront témoigner de mon efficacité et de mon sérieux. C'est particulièrement ce dernier point qui me pousse à changer d'emploi puisque le poste que j'occupe actuellement ne me paraît pas satisfaisant dans ce domaine.

Je suis à votre entière disposition pour une entrevue, quand et où vous voudrez.

Veuillez agréer, Messieurs, l'expression de mes sentiments distingués.

Manuel GARCIA

I A 3 **Curriculum vitæ**

Manuel GARCIA
Né le 14 mai 1960, à Burgos
Nationalité espagnole
Célibataire
Adresse : 11, rue de Los Angeles, MADRID 16
Téléphone (heures de bureau) : 258.69.51 poste 165

Emploi actuel :
Sous-directeur du marketing chez « Cuirs et Peaux SA » depuis 2000

Emplois antérieurs :
1983-1985 : plusieurs postes commerciaux chez « Citroen Hispania »
1982 : six mois à Londres et six autres mois à Paris pour perfectionner anglais et français

Dossier universitaire :
1981 : Diplôme de l'École supérieure de gestion et de commerce de Madrid
1978 : Baccalauréat, mention Très Bien

 Decidida la entrevista

(Entre las varias cartas de candidatura consecutivas al anuncio, la de Manuel García, así como su historial personal y profesional, dio buena impresión. La secretaria de D. Ramón Cebrián, director administrativo de Pielujo, se encarga de tomar contacto con los candidatos. Llama a Manuel García :)

– Cueros y Pieles a su servicio. ¿ Qué desea Ud ?
– Buenas tardes. Quisiera hablar con D. Manuel García, extensión 165.
– ... Manuel García. Diga Ud.
– Oiga, soy la secretaria del director administrativo de Pielujo. Le llamo a consecuencia de su carta que acaba de llegarnos...
– ¡ Ah ! Muy bien, ¿ qué puedo hacer ?
– Bueno, el Señor Cebrián quisiera entrevistarse con Ud cuanto antes.
– Estoy a su disposición. ¿ Cuándo quiere Ud que venga ?
– Mañana a las tres de la tarde, ¿ le va bien ?
– Creo que sí, espere que compruebe... Sí, me va muy bien. ¿ Dónde tengo que presentarme ?
– En Pielujo, calle Antonio Sancha, nº 10. Tome Ud la autopista de Barajas, es lo más cómodo, y salga a Barajas Centro. Desde Colón, es cosa de un cuarto de hora, en coche ¡ claro !
– No se preocupe, Señora, estaré a las tres.

I B 1 **Vocabulario**

la competencia	1. la compétence 2. la concurrence
competir con	faire concurrence à
concretar detalles	fixer, arrêter les détails
de dedicación exclusiva, de plena dedicación	à plein temps, à temps complet
el dominio de una lengua	la maîtrise d'une langue
el ejecutivo	le cadre
entrevistarse con alguien	rencontrer quelqu'un
estar libre de cualquier compromiso	être libre de tout engagement
la extensión	le poste (téléphonique)
la jornada	la journée de travail

(Parmi les différentes lettres de candidature faisant suite à l'annonce, celle de Manuel Garcia, ainsi que son C.V., a fait bonne impression. La secrétaire de M. Ramon Cebrian, directeur administratif de Pielujo, se charge de prendre contact avec les candidats. Elle appelle Manuel Garcia :)

– Cuirs et Peaux à votre service. Que désirez-vous ?
– Bonjour. Je voudrais parler à M. Manuel Garcia, poste 165.
– ... Allô, Manuel Garcia à l'appareil.
– Allô, je suis la secrétaire du directeur administratif de Pielujo. Je vous appelle à la suite de votre lettre qui vient de nous parvenir...
– Ah ! Très bien, que puis-je faire ?
– Eh bien, M. Cebrian voudrait vous rencontrer le plus tôt possible.
– Je suis à sa disposition. Quand voulez-vous que je vienne ?
– Demain à quinze heures, est-ce que cela vous convient ?
– Je crois que oui, attendez que je vérifie... Oui, cela me convient très bien. Où dois-je me présenter ?
– Chez Pielujo, 10, rue Antonio-Sancha. Prenez l'autoroute de Barajas, c'est ce qu'il y a de plus commode, et sortez à Barajas Centre. En partant de la place Colomb, c'est l'affaire d'un quart d'heure, en voiture bien sûr !
– Ne vous inquiétez pas, Madame, j'y serai à 15 heures.

I B 1 **Vocabulario**

de media jornada	à mi-temps
el perito	1. l'expert 2. le technicien supérieur
el plan	le plan (projet, intention)
el plano	le plan (dessin, surface)
con pleno dominio de sus facultades	en pleine possession de ses moyens
el posicionamiento	le positionnement
presentar su candidatura	poser sa candidature
satisfacer los requisitos	remplir les conditions requises
la secretaria ejecutiva	la secrétaire de direction
titulación universitaria	diplômes universitaires

A. SECRETARIA EJECUTIVA

Empresa multinacional de primera línea en el sector de lubricantes busca, para Córdoba, una Secretaria ejecutiva bilingüe, de 25 años, con una experiencia mínima de tres años en puesto similar. Se requieren auténtica madurez profesional y absoluto dominio de inglés y español a niveles de traducción, redacción y conversación. Se ofrece un puesto interesante, a nivel ejecutivo, en un grato ambiente de trabajo, con semana laboral de cinco días. La remuneración anual mínima será del orden de las 20 000 euros, negociables según aptitudes.

Las interesadas pueden dirigir su historial, adjuntando fotografía al apartado...

Rogamos se abstengan las candidatas que no reúnan las mencionadas características.

Se garantiza absoluta discreción.

B. VENDEDOR TÉCNICO-COMERCIAL

Importante empresa de bienes de equipo precisa vendedor técnico-comercial. Su misión consistirá en visitar los laboratorios farmaceúticos de perfumería y cosmética de Madrid, ofreciéndoles nuestras líneas de maquinaria. Contará con una extensa cartera de clientes, ya que la empresa mantiene relaciones comerciales con la mayoría de estos laboratorios. Se exigen buenos conocimientos técnicos, y una experiencia en ventas de al menos tres años. Se valorará la titulación de perito.

Se ofrece retribución anual del orden de 35 000 de euros, así como el apoyo técnico y la garantía de unas marcas de prestigio nacionales y extranjeras. La incorporación se hará a primeros de septiembre.

Se ruega mandar historial a RA. Consultores Apdo 10 Madrid 13, con la referencia en el sobre AS/361. Se transmitirá al cliente sin abrir a no ser que esté dirigido a nuestro « Servicio de control », indicando los nombres de las sociedades a las que no deberá ser entregado.

A. SECRÉTAIRE DE DIRECTION

Entreprise multinationale de premier plan dans le secteur des lubrifiants recherche, pour Cordoue, une secrétaire de direction bilingue, 25 ans, avec expérience minimum de trois années dans poste semblable. Sont requises une authentique maturité professionnelle et une parfaite connaissance de l'anglais et de l'espagnol au niveau traduction, rédaction et conversation. Il est offert un poste intéressant, niveau cadre, dans une ambiance de travail agréable, semaine de cinq jours. La rémunération annuelle minimum sera de l'ordre de 20 000 euros, négociables selon aptitudes.

Les personnes intéressées peuvent envoyer leur C.V. avec une photographie à la boîte postale...

Nous prions les candidates qui ne rempliraient pas ces conditions de s'abstenir.

Totale discrétion garantie.

B. VENDEUR TECHNICO-COMMERCIAL

Importante entreprise de biens d'équipement recherche vendeur technico-commercial. Sa mission consistera à visiter les laboratoires pharmaceutiques de parfumerie et de cosmétique de Madrid pour leur offrir notre gamme de matériels. Il disposera d'un portefeuille important de clients, puisque l'entreprise entretient des relations commerciales avec la plupart de ces laboratoires. On exige de bonnes connaissances techniques, et une expérience de la vente de trois ans au moins. Le titre de technicien supérieur sera considéré comme un avantage.

On offre une rétribution annuelle de l'ordre de 35 000 euros, ainsi que l'appui technique et la garantie de marques prestigieuses nationales et étrangères. Le poste est à occuper début septembre.

Prière d'envoyer C.V. à PA. Consultants B.P. 10, Madrid 13, avec, sur l'enveloppe, la référence AS/361. La lettre sera transmise au client sans être ouverte, à moins qu'elle ne soit adressée à notre « Service de contrôle », en indiquant les noms des sociétés auxquelles elle ne devra pas être remise.

1. Avons besoin de toute urgence de deux comptables.
2. Rétribution à débattre selon aptitudes.
3. Salaire fixe plus commissions.
4. Formation à la charge de l'entreprise.
5. Journée continue en été.
6. Entreprise internationale a besoin d'un analyste programmeur.
7. Indemnités en cas de déplacement et frais de voyage au compte de l'entreprise.
8. Nationalité espagnole ou permis de travail et de séjour.
9. Est offert un emploi stable avec revenus mensuels qui peuvent dépasser 25 000 euros.
10. Coursier avec permis de conduire. Dégagé des obligations militaires.
11. On exige expérience dans poste semblable et service militaire accompli.
12. Prière d'envoyer curriculum vitæ détaillé à la boîte postale...
13. Société installée à Madrid, se consacrant aux pièces de rechange de l'automobile, cherche directeur technique.
14. SANIGRA SA., le sanitaire de prestige, doit pourvoir au poste de directeur du personnel,
15. pour s'occuper d'une usine située à Madrid, d'un effectif de 2 500 personnes ;
16. il s'occupera de tous les aspects qui seront en rapport avec le monde du travail et pourvoira aux requêtes du personnel.
17. Pour l'ouverture d'une nouvelle succursale à Madrid, avons besoin d'un(e) responsable très introduit(e) dans le marché des arts graphiques ou de la publicité.
18. Recherchons architecte pour diriger exécution de projets, avec les responsabilités de gestion qui en découlent : relations avec les organismes officiels, entrepreneurs et fournisseurs.
19. Il sera répondu à toute candidature et seront étudiées celles qui correspondront aux conditions requises indiquées.

1. Necesitamos urgentemente dos contables.
2. Retribución a convenir según aptitudes.
3. Sueldo fijo más comisiones.
4. Formación a cargo de la empresa.
5. Jornada intensiva en verano.
6. Empresa internacional precisa analista programador.
7. Dietas en caso de desplazamiento y gastos de viajes por cuenta de la empresa.
8. Nacionalidad española o permiso de trabajo y residencia.
9. Se ofrece empleo estable con ingresos mensuales que pueden superar las 25 000 euros.
10. Recadero con carnet de conducir. Libre de servicio militar.
11. Se exige experiencia en puesto similar y servicio militar cumplido.
12. Rogamos dirigir historial detallado al apartado...
13. Sociedad radicada en Madrid, dedicada al recambio del automóvil, busca Director técnico.
14. SANIGRA S.A., el sanitario de gran prestigio, precisa cubrir el puesto de director del personal,
15. para atender planta ubicada en Madrid, con plantilla de 2 500 personas ;
16. se ocupará de cuantos aspectos se hallen relacionados con el mundo laboral y proveerá los requerimientos del personal.
17. Para la apertura de una nueva sucursal en Madrid, necesitamos responsable muy relacionado con el mercado de las artes gráficas o publicidad.
18. Buscamos arquitecto para dirigir ejecución de proyectos con las consecuentes responsabilidades de gestión : relaciones con organismos oficiales, contratistas y proveedores.
19. Toda candidatura será contestada y estudiadas las que se ajusten a los requisitos indicados.

II

LA EMPRESA, EL ORGANIGRAMA

L'ENTREPRISE, L'ORGANIGRAMME

A. Situaciones

A 1. Soy yo quien hago esto
A 2. Visita de los locales
A 3. Organigrama

B. Documentación

B 1. Fichero de vocabulario
B 2. Definiciones
B 3. Fichero de frases

Guión

Manuel García domina a los otros candidatos y le nombran director del marketing. Toma contacto con la empresa, estudia el organigrama y hace una primera visita de los locales.

Scénario

Manuel Garcia l'emporte sur les autres candidats et il est nommé directeur du marketing. Il prend contact avec l'entreprise, étudie l'organigramme et fait une première visite des locaux.

Después de entrevistarse con el Señor Cebrián, director administrativo, Manuel García ha sido sometido a una multitud de pruebas. De todas, ha triunfado. Entre los siete candidatos, resulta elegido y el director general le nombra director del marketing de Pielujo. Es un puesto nuevo en la empresa y su creación lleva consigo una reorganización de los servicios comerciales. Hasta el nombramiento de Manuel García, cuanto se refería al marketing lo trataba el servicio de las ventas. En adelante, dicho servicio dependerá de la dirección del marketing, cuyo director será responsable, ante la dirección general, de lo siguiente :

la investigación comercial, que incluye :
- análisis de ventas,
- estudio de mercado,
- investigación del producto,
- investigación del consumidor,
- investigación sobre publicidad,

la planificación comercial, que incluye :
- previsión de ventas,
- política de venta,
- promoción de ventas,
- política de precios,
- presupuestos.

El servicio de ventas, en lo sucesivo, se responsabilizará de todas las actividades que tiendan a ejecutar cuanto se ha previsto, planificado y presupuestado. Así, sus actividades más importantes serán :

- selección del personal de ventas,
- perfeccionamiento de dicho personal,
- dirección de este personal,
- administración de las ventas,
- servicios de distribución (embalaje, expedición y transporte),
- servicio postventa.

Poco a poco, va enterándose Manuel García de la organización de Pielujo. Le presentan a los diferentes directores y también a Teresa Marcañada que le destinan como secretaria. Sofía Daón, la secretaria de D. Ramón Cebrián, le ha previsto una visita de los diferentes locales para que tenga una vista general de la empresa, de sus diferentes servicios y de su organización material.

Après une entrevue avec M. Cebrian, directeur administratif, Manuel Garcia a été soumis à toute une série de tests. De tous ces tests, il est sorti vainqueur. Parmi les sept candidats, c'est lui qui est choisi et le directeur général le nomme directeur du marketing de Pielujo. C'est un poste nouveau dans l'entreprise et sa création entraîne une réorganisation des services commerciaux. Jusqu'à la nomination de Manuel Garcia, tout ce qui se rapportait au marketing était traité par le service des ventes. Désormais, ce service dépendra de la direction du marketing, dont le directeur sera responsable, devant la direction générale, de ce qui suit :

la recherche commerciale, qui inclut :
- analyse de ventes,
- étude de marché,
- recherche du produit,
- recherche du consommateur,
- recherche sur la publicité,

la planification commerciale, qui inclut :
- prévision des ventes,
- politique de vente,
- promotion des ventes,
- politique des prix,
- budgets.

Le service des ventes, à l'avenir, sera responsable de toutes les activités qui tendront à l'exécution de tout ce qui a été prévu, planifié et budgété. Ainsi, ses activités les plus importantes seront :

- sélection du personnel des ventes,
- perfectionnement de ce personnel,
- direction de ce personnel,
- administration des ventes,
- services de distribution (emballage, expédition et transport),
- service après-vente.

Peu à peu, Manuel Garcia se met au courant de l'organisation de Pielujo. On le présente aux différents directeurs et également à Teresa Marcañada qui lui est affectée comme secrétaire. Sofia Daon, la secrétaire de M. Ramon Cebrian, lui a prévu une visite des différents locaux pour qu'il ait une vue générale de l'entreprise, de ses différents services et de son organisation matérielle.

 Visita de los locales

Sofía Daón, la secretaria de D. Ramón Cebrián, va a acompañar a Manuel García.

S.D. Si no le molesta, vamos a empezar por echar un vistazo a todos los servicios administrativos que están agrupados en este edificio.

M.G. Sí, me parece muy bien. La dejo decidir.

S.D. Como lo habrá notado, este edificio es muy reciente y tiene tres pisos. En la planta baja, donde estamos, se encuentra la recepción, al lado, una salita de espera ; después, nuestra centralita y todo el resto de la planta, lo ocupa el salón de reunión donde celebramos los consejos de administración, todas las juntas técnicas o comerciales.

M.G. Está muy bien. ¿ Cuántas personas pueden caber ?

S.D. Más de doscientas. Pero con un sistema de puertas corredizas podemos dividir este salón en tres y en cada uno celebrar una reunión sin molestar a nadie en los otros dos.

M.G. ¡ Estupendo ! Será un elemento muy favorable a la vida empresarial y a su eficacia.

S.D. Sí, es algo muy acertado. Vamos a subir al primer piso. Ve Ud cómo un pasillo central divide todo el piso : a la derecha, el servicio de mecanografía y de reprografía y el resto del piso está ocupado por el servicio comercial...

M.G. Entonces, ¿ mi despacho ha de estar en este piso ?

S.D. ¡ Claro ! será éste. Pero, pase Ud, creo que ya está listo. ¿ Le gusta ?

M.G. Sí, mucho. Tiene una ventana muy grande y hace muy bueno, casi fresco.

S.D. Es que tenemos aire acondicionado.

M.G. Supongo que las otras dos direcciones, administrativa y técnica, están arriba...

S.D. Exacto. Estos dos servicios ocupan el tercer piso. También tiene D. Pablo Velázquez, el director general, su propio despacho. Bueno, desde la ventana Ud ve esta enorme nave : es nuestro taller de fabricación y esa otra que le es perpendicular, es el almacén con el servicio de expedición.

M.G. La proximidad del aeropuerto de Barajas constituye una ventaja para la exportación, ¿ no ?

S.D. Sí, sí... Dispense, Señor García, pero tiene una reunión con el director dentro de un cuarto de hora ; si quiere, seguiremos más tarde.

Sofia Daon, la secrétaire de M. Ramon Cebrian, va accompagner Manuel Garcia.

S.D. Si cela ne vous dérange pas, nous allons commencer par jeter un coup d'œil à tous les services administratifs qui sont groupés dans ce bâtiment.

M.G. Oui, ça me paraît très bien. Je vous laisse décider.

S.D. Comme vous l'aurez remarqué, ce bâtiment est très récent et il a trois étages. Au rez-de-chaussée où nous sommes, se trouve la réception, à côté, un petit salon d'attente ; après, notre standard, et tout le reste de ce rez-de-chaussée est occupé par la salle de réunions où nous tenons les conseils d'administration, toutes les réunions techniques ou commerciales.

M.G. C'est très bien. Combien de personnes peuvent-elles y tenir ?

S.D. Plus de deux cents. Mais par un système de portes coulissantes, nous pouvons diviser cette grande salle en trois, et dans chacune tenir une réunion sans déranger personne dans les deux autres.

M.G. Formidable ! Ça doit être un élément très favorable à la vie de l'entreprise et à son efficacité.

S.D. Oui, c'est quelque chose de très réussi. Nous allons monter au premier étage. Vous voyez comment un couloir central divise tout l'étage : à droite, le service de dactylographie et de reprographie ; le reste de l'étage est occupé par le service commercial...

M.G. Alors, mon bureau doit se trouver à cet étage ?

S.D. Bien sûr ! Ce sera celui-ci. Mais, entrez donc, je crois qu'il est prêt maintenant. Il vous plaît ?

M.G. Oui, beaucoup. Il a une grande fenêtre et il y fait bon, presque frais.

S.D. C'est que nous avons l'air conditionné.

M.G. Je suppose que les deux autres directions, administrative et technique, sont au-dessus...

S.D. Exactement. Ces deux services occupent le troisième étage. M. Pablo Velazquez, le directeur général, y a également son propre bureau. Bien ! De la fenêtre, vous voyez ce grand bâtiment : c'est notre atelier de fabrication et cet autre qui lui est perpendiculaire, c'est l'entrepôt avec le service d'expédition.

M.G. La proximité de l'aéroport de Barajas constitue un avantage pour l'exportation, non ?

S.D. Oui, oui... Excusez-moi, monsieur Garcia, mais vous avez une réunion avec le directeur dans un quart d'heure ; si vous voulez, nous continuerons plus tard.

DIRECTOR GENERAL DE PIELUJO
D. Pablo VELÁZQUEZ

II B 1 Vocabulario

el accionista	l'actionnaire
los alicates universales	les pinces universelles
el ascenso	l'avancement
el ascenso por antigüedad	l'avancement à l'ancienneté
el ascenso por elección	l'avancement au choix
el banco	l'établi
la cadena de montaje	la chaîne de montage
la centralita	le standard
el consejo de administración	le conseil d'administration
el despacho	le bureau (local ou meuble)
el destornillador	le tournevis
el director gerente	le directeur général
el escalafón	le tableau d'avancement
el estruendo, estrépito	le vacarme
la ficha de asistencia	le jeton de présence
fichar	pointer
las herramientas	les outils
las horas extra(ordinarias)	les heures supplémentaires
el jefe de servicio	le chef de service
la jerarquía	la hiérarchie
la llave inglesa	la clef anglaise
llave inglesa de cremallera	la clef à molette
la máquina herramienta	la machine-outil
el martillo pilón	le marteau pilon
la mecanógrafa	la dactylo

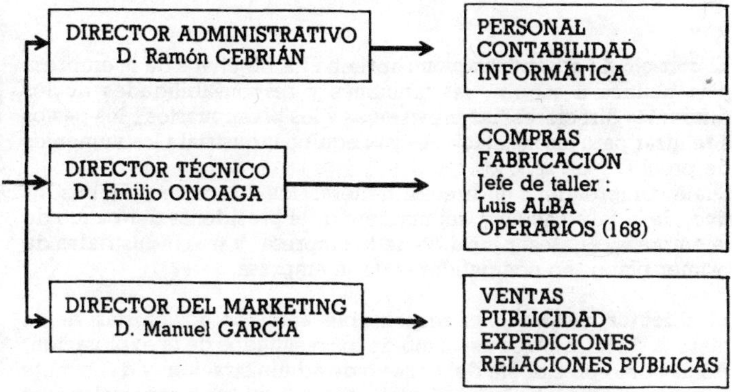

II B 1 **Vocabulario**

las medidas de seguridad	les mesures de sécurité
la oficina	le bureau
el/la oficinista	l'employé(e) de bureau
el ordenanza	le garçon de bureau
el perno	le boulon
el polvo	la poussière
el presidente	le président
el recadero	le coursier
la recepcionista	l'hôtesse d'accueil
el salario, el sueldo	le salaire
la secretaría	le secrétariat
la secretaria	la secrétaire
la sierra	la scie
el socio	l'associé
el soplete	la lampe à souder
el sueldo base	le salaire de base
el taller	l'atelier
la telefonista	la standardiste
las tenazas	les tenailles
el tornillo	la vis
el torno	1. l'étau 2. le tour (machine-outil)
el trabajo en cadena	le travail à la chaîne
la tuerca	l'écrou
el yunque	l'enclume

El consejo de administración : aprueba los objetivos de la empresa y la política a seguir ; las funciones y responsabilidades de los diferentes directores, las previsiones y los presupuestos ; los gastos a realizar para las instalaciones y el equipo industrial ; los aumentos de precios y de salarios.
Suele comprender : el director general, los directores administrativo, de la fabricación y del marketing, el presidente del banco de la empresa, el asesor jurídico de la empresa, y tres industriales de primer plano, no competidores de la empresa.

El director general : es responsable ante los accionistas de la marcha de la empresa así como de los resultados de la explotación. Actúa como presidente del consejo de administración, y del comité de dirección si lo hay. Convoca las reuniones especiales del consejo o del comité. Elige a los titulares de los puestos directivos.

El director técnico : es responsable de la fabricación, de los medios de producción. Tiene a su cargo el programa de fabricación y el control de la calidad ; las compras de materias primas y de la maquinaria así como las mejoras a aportar a los medios de producción ya existentes ; es responsable de los almacenes y del almacenamiento y de la gestión de las existencias.

El director administrativo : actúa en calidad de jefe de contabilidad ; supervisa los estados contables, los presupuestos y todos los informes destinados al consejo de administración ; prepara el balance anual de la empresa. Dirige las actividades del servicio del personal ; es responsable de las relaciones humanas en la empresa. Prepara y propone los programas de formación. Entrevista a los candidatos a un empleo, propone a quienes cree más aptos. Mantiene al día los expedientes de Seguridad social, de jubilación y de indemnizaciones de paro a los obreros así como los expedientes individuales del personal, incluidos los detalles concernientes a sus progresos, ascensos, aumentos de salarios. Establece los informes mensuales de ausencias. Se ocupa de todas las cuestiones de seguros y de seguridad.

El director de marketing, cuya función se estudiará en el capítulo IV, es responsable de la investigación y de la planificación comercial, de la definición del producto y de su precio, de la publicidad y de la promoción de ventas.

Le conseil d'administration : approuve les objectifs de l'entreprise et la politique à suivre, les fonctions et responsabilités des différents directeurs, les prévisions et les budgets ; les dépenses à réaliser pour les installations et l'équipement industriel ; les augmentations de prix et de salaires.
Il comprend généralement : le directeur général, les directeurs administratif, de la fabrication et du marketing, le président de la banque de l'entreprise, le conseiller juridique de l'entreprise, et trois industriels de premier plan, non concurrents de l'entreprise.

Le directeur général : est responsable devant les actionnaires de la marche de l'entreprise ainsi que des résultats de l'exploitation. Il agit comme président du conseil d'administration et du comité de direction s'il y en a un. Il convoque les réunions spéciales du conseil ou du comité. Il choisit les titulaires des postes de direction.

Le directeur technique : est responsable de la fabrication, des moyens de production. Il a à sa charge le programme de production et le contrôle de la qualité ; les achats de matières premières et des machines ainsi que les améliorations à apporter aux moyens de production déjà existants ; il est responsable des entrepôts et du stockage et de la gestion des stocks.

Le directeur administratif : agit en qualité de chef de la comptabilité ; il supervise les états comptables, les budgets et tous les mémoires destinés au conseil d'administration ; il prépare le bilan annuel de l'entreprise. Il dirige les activités du service du personnel ; il est responsable des relations humaines dans l'entreprise. Il prépare et propose les programmes de formation. Il reçoit les candidats à un emploi, il propose ceux qu'il estime les plus aptes. Il tient à jour les dossiers de Sécurité sociale, de retraite et d'indemnités de chômage pour les ouvriers ainsi que les dossiers individuels du personnel avec les détails concernant leurs progrès, leur avancement, les augmentations de salaire. Il établit les relevés mensuels d'absences. Il s'occupe de toutes les questions d'assurances et de sécurité.

Le directeur de marketing, dont la fonction sera étudiée au chapitre IV, est responsable de la recherche et de la planification commerciale, de la définition du produit et de son prix, de la publicité et de la promotion des ventes.

 Essayez de traduire...

1. La société concurrente a un effectif de 300 employés.
2. La standardiste appelle le service technique ;
3. mais personne ne répond ; comme c'est curieux !
4. Elle va renouveler l'appel dans quelques minutes.
5. La photocopieuse est en panne.
6. Voulez-vous appeler tout de suite le dépanneur ?
7. Tous les employés doivent pointer en arrivant.
8. Les trois premiers retards ne sont pas pris en compte.
9. Au quatrième, le retardataire a une retenue de salaire.
10. L'exigence de la ponctualité ne vise qu'à l'efficacité.
11. Ce classeur métallique n'est pas pratique du tout.
12. Voulez-vous en commander un autre, plus moderne ?
13. Oui, et qu'il nous soit livré sans retard.
14. J'ai rangé le dossier vert dans le tiroir du haut.
15. En partant hier soir, le comptable a oublié de fermer le coffre-fort.
16. Le directeur administratif a demandé que la salle de conférences soit prête pour 17 heures.
17. Il faut prévenir le service du nettoyage que la négligence dont font preuve les femmes de ménage est intolérable.
18. Le service d'entretien viendra cet après-midi pour poser trois étagères sous la fenêtre.
19. Le nouveau parking est ouvert à tout le personnel.
20. Mademoiselle, vous veillerez à ce que j'aie toujours des fleurs dans mon bureau.
21. Les consignes de sécurité seront observées très rigoureusement ; par exemple, il est formellement interdit de fumer dans l'atelier, sous peine d'exclusion immédiate.

1. La sociedad competidora tiene una plantilla de 300 empleados.
2. La telefonista llama al servicio técnico ;
3. pero no cogen ; ¡ qué cosa más rara !
4. Va a repetir la llamada dentro de unos minutos.
5. La fotocopiadora tiene una avería.
6. ¿ Quiere Ud llamar en seguida al reparador ?
7. Todos los empleados tienen que fichar al llegar.
8. Los tres primeros retrasos no se toman en cuenta.
9. Al cuarto, el retrasado tiene una deducción del salario.
10. La exigencia en la puntualidad sólo tiende a la eficacia.
11. Este archivador metálico no es cómodo en absoluto.
12. ¿ Quiere Ud pedir otro, más moderno ?
13. Sí, y que nos lo entreguen sin demora.
14. He guardado la carpeta verde en el cajón de arriba.
15. Al salir anoche, el contable se olvidó de cerrar la caja fuerte.
16. El director administrativo ha pedido que la sala de conferencias esté lista para las cinco.
17. Hay que avisar el servicio de limpieza que la dejadez que manifiestan las asistentas es intolerable.
18. Vendrá esta tarde el servicio de mantenimiento a instalar tres estantes debajo de la ventana.
19. El nuevo aparcamiento está abierto a todo el personal.
20. Señorita, Ud cuidará de que siempre tenga flores en mi despacho.
21. Las consignas de seguridad se observarán muy rigurosamente, por ejemplo, está terminantemente prohibido fumar en el taller, so pena de despido inmediato.

III

MANO DE OBRA Y EMPLEO, SINDICATOS

MAIN-D'ŒUVRE ET EMPLOI, SYNDICATS

A. Situaciones

A 1. Amenazas sobre el empleo
A 2. Reaccionan los sindicatos

B. Documentación

B 1. Declaraciones y... estancamiento
B 2. Fichero de frases
B 3. Fichero de vocabulario

Guión

Las dificultades crecientes que acosan el sector del calzado en general y Pielujo en particular hacen que, entre los empresarios y los sindicatos, se eleva la voz. Unos rumores sobre una posible reducción del personal malhumoran a todos y dificultan la comprensión tan necesaria cuando se cierne el paro.

Scénario

Les difficultés croissantes qui assaillent le secteur de la chaussure en général et Pielujo en particulier font qu'entre les patrons et les syndicats le ton monte. Des rumeurs sur une éventuelle compression du personnel mécontentent tout le monde et rendent difficile la compréhension mutuelle si nécessaire lorsque plane le chômage.

Hasto ahora, no ha conocido Pielujo situaciones conflictivas. La cartera de pedidos que le envidiaban competidores, la calidad de la producción, el tamaño más bien reducido de la empresa y el que se conocieran todos habían descartado las dificultades que afectaron otros sectores.

Sin embargo, el elevado coste de las materias primas, de los salarios, de las cargas sociales, una baja en la competitividad han alterado profundamente las relaciones entre los mundos empresarial y obrero. Los sindicatos representados en Pielujo que dependen, claro, de centrales como UGT (Unión general de trabajadores), CCOO (Comisiones obreras), USO (Unión sindical obrera), u otras, por una parte, y la Confederación española de organizaciones empresariales a la que pertenece Pielujo, por otra, muchas veces están a matar. La dirección general de Pielujo trata de dar solución a los numerosos problemas que tiene planteados y da el último toque a un plan de salvación que, mediante la FICE (Federación de industrias del calzado), va a presentar al ministerio de Comercio, plan cuyas líneas generales son :

- suspensión de las limitaciones de inversión de la banca privada y de las cajas de ahorro,
- desgravación de cotizaciones a la Seguridad social,
- apoyo a la exportación existente y fomento de la investigación de nuevos mercados,
- programa de promoción interior y exterior del calzado español,
- posibilidad de ajuste de la plantilla a las cargas de trabajo mediante medidas en el campo social.

Es esta última petición que ha emocionado a los obreros cuando la dirección de Pielujo ha informado al comité de empresa y a los responsables sindicales de su plan de salvación. La amenaza de desempleo es quizá el único factor de unión obrera. Un comité intersindical provisional ha organizado una reunión general de los obreros y se ha acordado un plante de una hora, sin previo aviso, como advertencia y prueba de la firme intención de defender el empleo. Dos delegados del comité están encargados de entrevistarse con el jefe del personal.

Todos saben que esta entrevista es el último recurso antes de la lucha abierta. Pero, en la coyuntura actual, convocar una huelga es una decisión grave cuyo resultado es incierto y, quizás, lejano. A pesar de este temor, la base parece decidida a luchar.

Jusqu'à maintenant, Pielujo n'a pas connu de situations de conflit. Le carnet de commandes que des concurrents lui enviaient, la qualité de la production, la taille plutôt réduite de l'entreprise et le fait que tout le monde se connaisse avaient écarté les difficultés que d'autres secteurs ont connues.

Cependant, le coût élevé des matières premières, des salaires, des charges sociales, une baisse dans la compétitivité ont profondément modifié les relations entre les mondes patronal et ouvrier. Les syndicats représentés chez Pielujo, qui dépendent, bien sûr, de centrales comme UGT (Union générale des travailleurs), CCOO (Commissions ouvrières), USO (Union syndicale ouvrière) ou autres, d'une part, et la Confédération espagnole des organisations patronales à laquelle Pielujo appartient, d'autre part, sont souvent à couteaux tirés. La direction générale de Pielujo essaie d'apporter une solution aux nombreux problèmes qui lui sont posés et elle met la dernière main à un plan de sauvetage que, par l'intermédiaire de la FICE (Fédération des industries de la chaussure), elle va présenter au ministère du Commerce, plan dont les lignes générales sont :

- levée des limitations d'investissement de la banque privée et des caisses d'épargne,
- dégrèvement de cotisations à la Sécurité sociale,
- soutien à l'exportation existante et encouragement à la recherche de nouveaux marchés,
- programme de promotion intérieure et extérieure de la chaussure espagnole,
- possibilité d'ajustement de l'effectif aux charges de travail grâce à des mesures dans le domaine social.

C'est cette dernière demande qui a ému les ouvriers quand la direction de Pielujo a informé le comité d'entreprise et les responsables syndicaux de son plan de sauvetage. La menace de chômage est sans doute le seul facteur d'union ouvrière. Un comité intersyndical provisoire a organisé une assemblée générale des ouvriers et un débrayage d'une heure, sans préavis, a été décidé comme avertissement et preuve de la ferme intention de défendre l'emploi. Deux délégués du comité sont chargés de rencontrer le chef du personnel.

Tout le monde sait que cette entrevue est le dernier recours avant la lutte ouverte. Mais, dans la conjoncture actuelle, lancer une grève est une décision grave dont le résultat est incertain et, peut-être, lointain... Malgré cette crainte, la base semble décidée à lutter.

Discuten Miguel Herranz (M.H.), jefe del personal, y los dos delegados del comité intersindical provisional, José Arrebato (J.A.) y Luisa Villa (L.V.).

M.H. Primero, Señores, tengo que participarles la reprobación más enérgica de la dirección ante el desorden y el beneficio previsto no obtenido ocasionados por el plante sin previo aviso...

J.A. Por favor, Señor Herranz, no estamos aquí para pasar el tiempo ni para oír barbaridades de este tipo. Ud y los de la dirección sólo pueden justificar su puesto y su sueldo por nosotros. No pretendemos poder hacerlo todo, pero pretendemos que se reconozca lo que hacemos. Este plante era el único modo para que los directores tomasen en cuenta nuestra reacción ante el plan de salvación ; prueba de ello es que estamos aquí...

M.H. No me convencen ; saben muy bien que siempre estoy dispuesto a recibirles.

L.V. Sí, recibirnos, pero sin escucharnos. Pero de todas formas, creo que urge más hablar del futuro que del pasado. Hemos venido a avisarle, y lo transmitirá a quien corresponda, que todos los obreros del taller se oponen y se opondrán a los despidos a los que alude el último apartado del plan...

M.H. Pero, de momento, nadie habla de despidos...

J.A. Es verdad, pero ya conocemos el paño : primero se anuncia, segundo se da un mentís, tercero se hace. Entonces, queremos que Uds sepan que no toleraremos despido alguno y que la menor amenaza a este respecto generará una huelga general inmediata e ilimitada...

M.H. Pero sean razonables. Uds conocerán las dificultades del sector del calzado y si quieren que siga Pielujo, habrá que consentir unos sacrificios. No serían despidos sino retiros anticipados y voluntarios. Voluntarios, oyen Uds. No queremos echar a nadie...

L.V. Bueno, es algo nuevo, y aceptaríamos discutirlo si está conforme la base, pero esto no cambia nada a lo fundamental : no aceptamos que el último apartado conste en el plan que van a presentar al ministerio. No podemos admitir el principio del despido. Si no hacen caso de la voluntad de la base, no se asombrarán de su reacción...

Miguel Herranz (M.H.), chef du personnel, et les deux délégués du comité intersyndical provisoire, José Arrebato (J.A.) et Luisa Villa (L.V.) sont en discussion.

M.H. D'abord, messieurs, je dois vous faire part de la réprobation la plus énergique de la direction devant le désordre et le manque à gagner occasionnés par le débrayage sans préavis...

J.A. S'il vous plaît, monsieur Herranz, nous ne sommes pas ici pour passer le temps ni pour entendre des énormités de ce genre. Vous et ceux de la direction ne pouvez justifier votre poste et votre salaire que grâce à nous. Nous ne prétendons pas pouvoir tout faire, mais nous voulons qu'on reconnaisse ce que nous faisons. Ce débrayage était le seul moyen pour que les directeurs prennent en considération notre réaction devant le plan de sauvetage ; la preuve, c'est que nous sommes ici...

M.H. Vous ne me convainquez pas ; vous savez très bien que je suis toujours prêt à vous recevoir.

L.V. Oui, à nous recevoir, mais sans nous écouter. Mais de toute façon, je crois qu'il est plus urgent de parler de l'avenir que du passé. Nous sommes venus vous prévenir, et vous le transmettrez à qui de droit, que tous les ouvriers de l'atelier s'opposent et s'opposeront aux licenciements auxquels fait allusion le dernier alinéa du plan...

M.H. Mais, pour le moment, personne ne parle de licenciements...

J.A. C'est vrai, mais nous connaissons bien la musique : premièrement on l'annonce, deuxièmement on le dément, troisièmement on le fait. Alors, nous voulons que vous sachiez que nous ne tolérerons aucun licenciement et que la moindre menace à ce sujet entraînera une grève générale immédiate et illimitée...

M.H. Soyez donc raisonnables. Vous devez connaître les difficultés du secteur de la chaussure et si vous voulez que Pielujo continue, il faudra consentir à quelques sacrifices. Il ne s'agirait pas de licenciements mais de retraites anticipées et volontaires. Volontaires, vous entendez. Nous ne voulons renvoyer personne...

L.V. Bon, c'est quelque chose de nouveau, et nous accepterions d'en discuter, si la base est d'accord, mais cela ne change rien à l'essentiel : nous n'acceptons pas que le dernier alinéa figure dans le plan que vous allez présenter au ministère. Nous ne pouvons pas admettre le principe du licenciement. Si vous ne tenez pas compte de la volonté de la base, vous ne vous étonnerez pas de sa réaction...

La dirección no ha tomado en cuenta o no ha sabido apreciar por su justo valor la advertencia de los sindicatos. Ha presentado el plan de salvación al ministerio. Al enterarse, los obreros se han puesto en huelga y ocupan los talleres.

1. Portavoz de la dirección

Se puntualizó muy claramente que la reanudación del trabajo era una condición previa a la reapertura de las negociaciones.
Aunque todas las tentativas con objeto de abrir negociaciones serias han fracasado hasta ahora, la dirección se declara dispuesta a empezar la negociación en cuanto se reanude el trabajo.
Corresponde al interés de todos que se aclare la situación, que se sosieguen los ánimos. No puede prolongarse así el estancamiento ; tenemos que elaborar un compromiso realista que respete a cada uno.
Sólo podemos esperar que los delegados sindicales y algunas cabezas locas conocidas desde hace mucho tiempo dejen de excitar a los demás, engañándolos. Si no se hallase cuanto antes una solución que satisfaciera a todos, habría que pensar en un cierre patronal mientras no surgiera cierta voluntad de cooperación.

2. Portavoz del comité intersindical provisional

Desde el principio, la dirección ha simulado no comprender nuestras exigencias, pero en realidad, con mucha hipocresía, ha seguido su intención primera de reducir el número de los operarios, sin considerar nuestros legítimos intereses. Ahora, con descaro insoportable, procura dividirnos : espera que algunos de nosotros, turbados o asustados, volverán al trabajo y así, consiguiéndolo, podría oponer los « buenos obreros » a los « malos ». No lo conseguirá : unidos estamos, unidos seguiremos hasta el cumplimiento de nuestra voluntad. Reafirmamos nuestra firme oposición a cualquier despido. Al sobrepasar sus derechos, la dirección carga desde ahora con toda la responsabilidad de cuanto ocurra.
Que no se espere de nosotros otra posición. Lo que teníamos que decir, lo hemos dicho. No publicaremos otro comunicado mientras la dirección no haga el primer paso.

La direction n'a pas pris en compte ou n'a pas su apprécier à sa juste valeur l'avertissement des syndicats. Elle a présenté le plan de sauvetage au ministère. En l'apprenant, les ouvriers se sont mis en grève et occupent les ateliers.

1. Porte-parole de la direction

Il a été précisé très clairement que la reprise du travail était un préalable à la réouverture des négociations.
Bien que toutes les tentatives en vue d'ouvrir des négociations sérieuses aient échoué jusqu'à maintenant, la direction se déclare disposée à commencer la négociation dès qu'aura repris le travail.
Il est de l'intérêt de tous que la situation s'éclaircisse, que les esprits s'apaisent. L'impasse ne peut pas se prolonger ainsi ; nous devons élaborer un compromis réaliste qui respecte chacun.
Nous ne pouvons qu'espérer que les délégués syndicaux et quelques têtes brûlées connues depuis longtemps cessent de monter la tête des autres, en les trompant.
Si une solution qui satisfasse tout le monde n'était pas trouvée au plus vite, il faudrait envisager un lock-out tant que ne surgirait pas une certaine volonté de coopération.

2. Porte-parole du comité intersyndical provisoire

Dès le début, la direction a fait semblant de ne pas comprendre nos exigences, mais en réalité, avec une grande hypocrisie, elle a maintenu son intention première de réduire le nombre des ouvriers, sans considérer nos intérêts légitimes. Maintenant, avec une impudence insupportable, elle essaie de nous diviser : elle espère que quelques-uns d'entre nous, troublés ou effrayés, reprendront le travail et ainsi, en y réussissant, elle pourrait opposer les « bons ouvriers » aux « mauvais ». Elle n'y réussira pas : nous sommes unis, nous resterons unis jusqu'à l'accomplissement de notre volonté. Nous réaffirmons notre ferme opposition à tout licenciement. En outrepassant ses droits, la direction assume désormais l'entière responsabilité de ce qui pourrait arriver.
Qu'on n'attende pas de nous une autre position. Ce que nous avions à dire, nous l'avons dit. Nous ne publierons pas d'autre communiqué tant que la direction ne fera pas le premier pas.

1. Ils bénéficient déjà de quatre semaines de congés payés.
2. Il est en congé de maladie.
3. Tous ne touchent pas l'indemnité de chômage.
4. Le nouvel indice des prix à la consommation est désastreux.
5. Les syndicats ont élaboré un plan de lutte contre le chômage.
6. Ils ne tardèrent pas à engager les pourparlers ;
7. mais ils échouèrent et la base se découragea.
8. Ils exigent du gouvernement une plus grande souplesse dans la réalisation des investissements publics.
9. Le refus déclencha immédiatement une grève générale.
10. Ce ne sont pas les cadres qui nous manquent, mais les ouvriers spécialisés et les manœuvres.
11. L'augmentation du chômage manifeste la détérioration de la situation.
12. L'augmentation est supérieure à 10 % par rapport au trimestre de référence.
13. Le salaire minimum interprofessionnel est fixé par le gouvernement à 859 pesètas par jour ou 25 770 par mois, avec effet à compter du 1er juin.
14. C'est une somme insuffisante pour subsister si celui qui la perçoit est chef de famille et s'il a à sa charge l'entretien de sa femme et d'un enfant en bas âge.
15. La collecte des signatures des travailleurs ayant un emploi mettait en évidence le soutien à la plate-forme.
16. Dans cette seconde réunion, les sujets qui vont être approfondis sont ceux déjà proposés lors de la première réunion.
17. Les 2 200 fabricants de chaussures qui existent en Espagne créent 62 000 emplois et produisent par an 100 milliards de pesètes.
18. Les syndicats dénoncent le travail à forfait et la réalisation d'heures supplémentaires au lieu d'engager davantage d'ouvriers.

1. Disfrutan ya de cuatro semanas de vacaciones pagadas.
2. Está dado de baja por enfermedad.
3. No todos cobran el subsidio de desempleo.
4. El nuevo índice de precios al consumo es pésimo.
5. Los sindicatos han elaborado un plan de lucha contra el paro.
6. No tardaron en entablar las negociaciones ;
7. pero fracasaron y se desanimó la base.
8. Exigen al gobierno una mayor agilidad en la realización de las inversiones públicas.
9. La negativa desencadenó en el acto una huelga general.
10. No son los ejecutivos los que nos hacen falta, sino los obreros especializados y los peones.
11. El crecimiento del desempleo manifiesta el deterioro de la situación.
12. El incremento es superior al diez por ciento respecto al trimestre de referencia.
13. El salario mínimo interprofesional es fijado por el gobierno en 859 pesetas diarias o 25 770 al mes con efectos desde el pasado 1° de junio.
14. Es una cantidad insuficiente para subsistir si quien la devenga es cabeza de familia y tiene a su carga el sostenimiento de la mujer y de algún hijo de corta edad.
15. La recogida de las firmas de los trabajadores con puesto de trabajo ponía de manifiesto el apoyo a la plataforma.
16. En esta segunda reunión, los temas en que van a profundizar son los planteados ya en la primera.
17. Los 2 200 fabricantes de calzado que existen en España crean 62 000 puestos de trabajo y producen anualmente 100 000 millones de pesetas.
18. Los sindicatos denuncian el trabajo a destajo y la realización de horas extraordinarias en vez de contratar a más trabajadores.

el abanico de los salarios	l'éventail des salaires
el alza de los precios	la hausse des prix
el anticipo	l'avance (d'argent)
la apertura	l'ouverture
el aumento salarial	l'augmentation des salaires
la baja por enfermedad	le congé de maladie
el bracero	le manœuvre
el capataz	le contremaître
el cierre	la fermeture
el cierre patronal	le lock-out
cobrar	toucher, être payé
el comité de empresa	le comité d'entreprise
la consigna	le mot d'ordre
el convenio colectivo	la convention collective
el coste de la vida	le coût de la vie
el descanso pre- y postnatal	le congé de maternité
el desempleo	le chômage
despedir	licencier, congédier
el despido	le licenciement
el deterioro de la situación	la détérioration de la situation
el día de cobro	le jour de paie
el día festivo	le jour férié
el día hábil, laborable	le jour ouvrable
la discrepancia de ideas	la divergence d'opinions
la empresa	l'entreprise
empresarial	patronal
el empresario	le chef d'entreprise
entablar negociaciones	entamer des négociations
el esquirol	le « jaune », le briseur de grève
estar en nómina	faire partie du personnel
estar en situación de baja por (de) enfermedad	être en congé de maladie
la excedencia	le congé pour convenances personnelles
la fábrica, factoría	l'usine
la huelga	la grève
la huelga alternativa (o escalonada, por turno)	la grève tournante
la huelga de brazos caídos (o cruzados)	la grève sur le tas

la huelga del celo	la grève du zèle
la huelga intermitente	la grève perlée
huelga añadir que...	inutile d'ajouter que...
el índice de inflación	le taux d'inflation
el índice de los precios	l'indice des prix
indiciar	indexer
el jurado de empresa	le comité d'entreprise
la magistratura del trabajo	le conseil des prud'hommes
la maniobra	la manœuvre
la mano de obra	la main-d'œuvre
mantenerse en punto muerto	être au point mort
el montepío	la caisse de secours
el mundo laboral	le monde du travail
no trabajar	être en congé
el obrero, el operario	l'ouvrier
la paga	la paie
el parado	le chômeur
el paro	le chômage
el paro forzoso	le lock-out
el pensionista	le retraité
el peón	le manœuvre
la planta	l'usine
el plante	1. le débrayage 2. les revendications
la plantilla	le personnel, l'effectif
el poder adquisitivo	le pouvoir d'achat
el precio tope	le prix plafond
la producción en cadena (o en línea)	le travail à la chaîne
productivo	productif, rentable
el productor	l'ouvrier, le producteur
rebasar los límites	dépasser les bornes
las reivindicaciones	les revendications
la Seguridad social	la Sécurité sociale
el seguro mutuo	la mutuelle
el subsidio de desempleo	l'indemnité de chômage
la tasa	la taxe, le taux
los trabajadores	les travailleurs
trabajar por horas	travailler à l'heure
el trabajo a destajo	le travail à forfait
el trabajo clandestino	le travail au noir
las vacaciones pagadas (o retribuidas)	les congés payés

IV

ANÁLISIS DE MERCADO Y DE PRODUCTO

ANALYSE DE MARCHÉ ET DE PRODUIT

A. Situaciones

A 1. Los primeros pasos
A 2. Cómo superar la crisis

B. Documentación

B 1. Técnicas del marketing
B 2. Fichero de frases
B 3. Fichero de vocabulario

Guión

Manuel García se pone al trabajo. Quiere proceder a un estudio completo de las estructuras comerciales de la sociedad. Estima que corrigiendo los errores del pasado podrá vencer las dificultades del momento y mejorar las perspectivas del futuro. Quiere también aplicar a la gestión comercial cuya responsabilidad asume las técnicas modernas del marketing.

Scénario

Manuel Garcia se met au travail. Il veut procéder à un examen complet des structures commerciales de la société. Il estime qu'en corrigeant les erreurs du passé il pourra surmonter les difficultés du moment et améliorer les perspectives d'avenir. Il veut également appliquer à la gestion commerciale dont il assume la responsabilité les techniques modernes du marketing.

Una vez instalado en su despacho, Manuel García acomete su trabajo. Apenas si le alcanzan los rumores del conflicto que acaba de trastornar la sociedad. Se sume en el estudio de los expedientes de que dispone, pero los expedientes no son numerosos.
Es su primer asombro.

Con su secretaria, acuerda reunir cuanto toca a la política de ventas seguida por Pielujo y va convenciéndose que Pielujo no ha tenido política comercial, que la producción tenía como único objetivo de mejorar la calidad – y lo conseguía – pero sin preocuparse por los deseos de la clientela y sin tomar en cuenta la evolución de los gustos, que la investigación de nuevos clientes se hacía a la buena de Dios, que no se tenía miramientos particulares con los clientes fieles y que nadie parecía inquietarse por los clientes que se iban y sobre todo por las causas del abandono.
Es el segundo asombro.

De los documentos de que dispone, tampoco se puede deducir que la disminución de los negocios haya aguzado la imaginación de los directivos. Sólo un tipo de zapato se vendía bien : el mocasín « Godoy », pero a nadie se le ocurrió aparentemente cancelar la fabricación de ciertos productos y sustituirlos por otros. ¡ La rutina ! ¡ Dichosa rutina !

Le entran ganas de sacudirlo todo, de investigar nuevos mercados, de hallar nuevas salidas ; también ha de « marcar » su entrada en Pielujo. La sociedad goza de una fama de calidad y de formalidad, hay que aprovecharla. Mañana hay junta del comité de dirección. ¡ Será la primera que presenciará !

Recuerda uno de los consejos del profesor de marketing que tuvo en la Escuela superior de gestión y comercio : « Haz bien lo que los demás hacen mal y ganarás ».

Entonces tiene él que innovar y convencer al director general de la necesidad y de la oportunidad de la innovación que tiene la obligación – lo siente claramente – de proponer.

Reflexiona, prepara su plan, pero antes de cualquier decisión, quiere consultarlo con su amigo, Emilio Onoaga, director técnico.

Une fois installé dans son bureau, Manuel Garcia s'attaque à son travail. C'est à peine s'il est atteint par les rumeurs du conflit social qui vient de bouleverser la société. Il se plonge dans l'étude des dossiers dont il dispose, mais les dossiers ne sont pas nombreux.
C'est son premier étonnement.

Avec sa secrétaire, il décide de réunir tout ce qui touche à la politique des ventes suivie par Pielujo et peu à peu il se convainc que Pielujo n'a pas eu de politique commerciale, que la production avait comme unique objectif d'améliorer la qualité – et elle y réussissait – mais sans se préoccuper des désirs de la clientèle et sans prendre en compte l'évolution des goûts, que la recherche de nouveaux clients se faisait au petit bonheur, que l'on n'avait pas d'égards particuliers pour les clients fidèles, que personne ne semblait s'inquiéter des clients qui s'en allaient et surtout des causes de leur abandon.
C'est le second étonnement.

Des documents dont il dispose, on ne peut pas déduire non plus que le ralentissement des affaires ait aiguisé l'imagination des responsables. Seul un type de chaussure se vendait bien : le mocassin « Godoy », mais personne n'avait pensé apparemment à cesser la fabrication de certains produits pour les remplacer par d'autres. La routine !
Maudite routine !

Il lui prend envie de tout secouer, de rechercher de nouveaux marchés, de trouver de nouveaux débouchés ; il doit également « marquer » son entrée chez Pielujo. La société bénéficie d'une renommée de qualité et de sérieux, il faut en profiter. Demain, il y a une réunion du comité de direction. Ce sera la première à laquelle il assistera !

Il se rappelle un des conseils du professeur de marketing qu'il a eu à l'École supérieure de gestion et de commerce : « Fais bien ce que les autres font mal et tu gagneras. »

Alors il doit innover et convaincre le directeur général de la nécessité et de l'opportunité de l'innovation qu'il a l'obligation – il le sent clairement – de proposer.

Il réfléchit, prépare son plan, mais avant toute décision, il veut consulter son ami, Emilio Onoaga, directeur technique.

Manuel García (M.G.) llama por teléfono a Emilio Onoaga (E.O.). Éste le invita a venir hasta su despacho.

M.G. Gracias, Emilio, por recibirme así...

E.O. Pero, ¡ hombre ! si puedo ayudarte...

M.G. Bueno, acabo de terminar el estudio de la situación. Los resultados del último ejercicio no son muy esperanzadores. Ha habido una dejadez en la política de ventas, una ausencia casi total de relaciones entre los departamentos cuya primera obligación es la de colaborar, una increíble indiferencia respecto a la clientela.

E.O. Es un discurso nuevo en la casa, ¿ sabes ?, pero me encanta, porque estoy harto de luchar por resultados tan débiles.

M.G. ¿ Te has fijado en que desconocemos a nuestros clientes ? No sabemos lo que quieren, lo que necesitan. En la región de Madrid – sea la de la mayor concentración de habitantes – nuestras ventas son inferiores al promedio de todos nuestros competidores. En el resto del país, nuestra presencia está muy mal repartida. Merma la venta de varios artículos, sin que nadie reaccione aquí.

E.O. No te enfades, te comprendo, pero el peso de la rutina...

M.G. Sabes que el año pasado perdisteis a siete clientes, o sea más de uno cada dos meses. Vamos a reaccionar, por eso te pido tu colaboración y tu apoyo.

E.O. Todo lo que quieras.

M.G. Primero quiero proceder a un estudio del mercado para conocer mejor a nuestros compradores porque son ellos los que hacen el mercado. Con arreglo a los resultados de este estudio, reorganizaré el servicio comercial.

E.O. Te apruebo, pero ¿ qué hago yo en esto ?

M.G. Espera ; creo necesario que desaparezcan de nuestro catálogo los tres modelos que casi ya no vendemos ; en su lugar, vamos a lanzar un modelo de cartera de cuero sencilla, pero sólida. Ya sabes que actualmente sólo se venden las de plástico o modelos de cuero lujosos y caros. Creo que existe un mercado. ¿ Puedes prepararme un muestrario de varias carteras ?

E.O. Cuenta conmigo, pero la dirección tiene que dejarte paso libre.

Manuel Garcia (M.G.) téléphone à Emilio Onoaga (E.O.). Ce dernier l'invite à venir jusqu'à son bureau.

M.G. Merci, Emilio, de me recevoir comme ça...

E.O. Mais, mon cher, si je peux t'aider...

M.G. Bien, je viens de terminer l'étude de la situation. Les résultats du dernier exercice ne sont pas très encourageants. Il y a eu un laisser-aller dans la politique des ventes, une absence presque totale de rapports entre les services dont la première obligation est de collaborer, une incroyable indifférence à l'égard de la clientèle.

E.O. C'est un discours nouveau dans la maison, tu sais, mais il m'enchante, parce que je suis fatigué de lutter pour des résultats si faibles.

M.G. As-tu remarqué que nous ne connaissons pas nos clients ? Nous ne savons pas ce qu'ils veulent, ce dont ils ont besoin. Dans la région de Madrid – c'est-à-dire celle de plus forte concentration d'habitants – nos ventes sont inférieures à la moyenne de tous nos concurrents. Dans le reste du pays, notre présence est très mal répartie. La vente de plusieurs articles diminue, sans que personne ne réagisse ici.

E.O. Ne te fâche pas, je te comprends, mais le poids de la routine...

M.G. Sais-tu que l'an dernier vous avez perdu sept clients, soit plus d'un tous les deux mois. Nous allons réagir, c'est pour cela que je te demande ta collaboration et ton soutien.

E.O. Tout ce que tu voudras.

M.G. D'abord, je veux procéder à une étude du marché pour connaître mieux nos acheteurs parce que ce sont eux qui font le marché. En fonction des résultats de cette étude, je réorganiserai le service commercial.

E.O. Je t'approuve, mais qu'est-ce que je viens faire là-dedans ?

M.G. Attends ; je crois nécessaire que disparaissent de notre catalogue les trois modèles que nous ne vendons pratiquement plus ; à leur place, nous allons lancer un modèle de porte-documents en cuir, simple, mais solide. Tu sais bien qu'actuellement ne sont vendus que ceux en plastique ou alors des modèles en cuir luxueux et chers. Je crois qu'il existe un marché. Peux-tu me préparer un échantillonnage de plusieurs porte-documents ?

E.O. Compte sur moi, mais la direction doit te donner le feu vert.

Para facilitar la toma de decisiones en el campo del marketing, existen técnicas de mediciones comerciales :
– el estudio de mercado, que incluye muchas veces un estudio de producto, es un procedimiento moderno, científico que permite estudiar, mediante encuestas de todo tipo, un mercado determinado o un segmento disponible en dicho mercado y adaptar el producto a las necesidades de la clientela. Los deseos, las aspiraciones y el poder adquisitivo de los consumidores determinarán las características del producto si aún no existe o las modificaciones apropiadas si ya existe. Es inútil lanzarse al mercado si las necesidades descubiertas ya están perfectamente satisfechas por los competidores : el comprador no cambiará de costumbre si no encuentra en el nuevo producto una ventaja suplementaria apreciable. El estudio de mercado es capaz de prever el comportamiento de los compradores respecto a una campaña publicitaria, al acondicionamiento del artículo, a la forma, al color, etc. Permite así la política de ventas, y por consiguiente, la de la fabricación.

Una vez detectadas, entre los consumidores, las expectativas que están por satisfacer, quedan dos objetivos indispensables de alcanzar para poder definir una política de marketing coherente :
– la valoración más exacta de lo que hacen los competidores. Hay que conocer no sólo lo que fabrican sino también cómo venden lo que fabrican : las « cualidades » del producto, su distribución, su publicidad, la « imagen de marca » percibida por el comprador ;
– la aportación al producto que va a competir con los ya existentes de una « personalidad » que le sea propia. El comprador tiene que ver una diferencia ; hay que justificar, de antemano, su nueva elección mediante ventajas evidentes y convincentes.

Estos diferentes estudios – que algunos especialistas reunen bajo el nombre de « posicionamiento » – hacen posibles y eficaces las decisiones que afecten todos los elementos de la estrategia del marketing.

Pour faciliter la prise de décisions dans le domaine du marketing, il existe des techniques d'évaluations commerciales :
– l'étude de marché, qui inclut souvent une étude de produit, est un procédé moderne, scientifique qui permet d'étudier, au moyen d'enquêtes de toute sorte, un marché déterminé ou un créneau disponible du marché en question et d'adapter le produit aux besoins de la clientèle. Les souhaits, les aspirations et le pouvoir d'achat des consommateurs détermineront les caractéristiques du produit s'il n'existe pas encore ou les modifications appropriées s'il existe déjà. Il est inutile de se lancer sur le marché si les besoins décelés sont déjà parfaitement satisfaits par les concurrents : l'acheteur ne changera pas d'habitude s'il ne trouve pas dans le nouveau produit un avantage supplémentaire appréciable. L'étude de marché est capable de prévoir le comportement des acheteurs à l'égard d'une campagne publicitaire, du conditionnement de l'article, de la forme, de la couleur, etc. Elle permet ainsi la politique de vente, et par conséquent, celle de la fabrication.

Une fois détectées, parmi les consommateurs, les attentes qui sont à satisfaire, il reste deux objectifs indispensables à atteindre pour pouvoir définir une politique de marketing cohérente :
– l'estimation la plus exacte de ce que font les concurrents. Il faut connaître non seulement ce qu'ils fabriquent, mais aussi comment ils vendent ce qu'ils fabriquent : les « performances » du produit, sa distribution, sa publicité, l'« image de marque » perçue par l'acheteur ;
– l'apport au produit qui va entrer en concurrence avec ceux déjà existants d'une « personnalité » qui lui soit propre. L'acheteur doit voir une différence ; il faut justifier, à l'avance, son nouveau choix grâce à des avantages évidents et convaincants.

Ces différentes études – que certains spécialistes regroupent sous le nom de « positionnement » – rendent possibles et efficaces les décisions qui affecteront tous les éléments de la stratégie du marketing.

1. La consommation ne cesse d'augmenter.
2. Nous devons faire face à nos engagements.
3. Le chiffre de ventes n'était pas satisfaisant.
4. La loi de l'offre et de la demande n'explique pas tout.
5. Les résultats des premiers sondages viennent de nous parvenir.
6. La cible dont nous rêvons, nous espérons l'atteindre rapidement.
7. Nous sommes en mesure de nous opposer à eux.
8. Le seuil de rentabilité a été atteint en six mois.
9. Nous jouissons d'une position concurrentielle exceptionnelle.
10. Les Allemands vendent le même article deux fois moins cher.
11. L'objectif d'une étude de marché est d'adapter le produit aux besoins du consommateur.
12. Un « panel » est un groupe de personnes représentatives...
13. interrogées régulièrement selon un procédé invariable.
14. Dans un mois, nous lancerons notre nouveau produit.
15. Ils ont augmenté le nombre de leurs points de vente.
16. Les grossistes ont une marge bénéficiaire trop importante.
17. Selon des sources dignes de foi, les Japonais vont faire concurrence aux meilleurs produits européens.
18. Je voudrais vous consulter sur les problèmes que nous pose la concurrence étrangère.
19. La pénurie des sources d'énergie inquiète sérieusement les fabricants.
20. Le chiffre d'affaires a baissé de 2% environ par rapport à celui de l'an dernier.
21. Il faut prendre des mesures de relance.

1. No deja de aumentar el consumo.
2. Hemos de hacer frente a nuestros compromisos.
3. El volumen de ventas no era satisfactorio.
4. La ley de la oferta y de la demanda no lo explica todo.
5. Acaban de llegarnos los resultados de los primeros sondeos.
6. El blanco con que soñamos, esperamos alcanzarlo pronto.
7. Estamos en condiciones de oponernos a ellos.
8. El umbral de rentabilidad se alcanzó en seis meses.
9. Gozamos de una situación competitiva exceptional.
10. Los alemanes venden el mismo artículo dos veces menos caro.
11. El objetivo de un estudio de mercado es de adaptar el producto a las necesidades del consumidor.
12. Un panel es un grupo de personas representativas...
13. interrogadas regularmente según un procedimiento invariable.
14. Dentro de un mes, lanzaremos nuestro nuevo producto.
15. Han incrementado el número de los puntos de venta.
16. Los mayoristas tienen un margen beneficiario demasiado importante.
17. Según fuentes fidedignas, los japoneses van a competir con los mejores productos europeos.
18. Quisiera consultar con Ud los problemas que nos plantea la competencia extranjera.
19. La escasez de las fuentes de energía inquieta seriamente a los fabricantes.
20. La facturación anual ha bajado en un 2 % en comparación con la del año pasado.
21. Hay que tomar medidas de reactivación.

el adiestramiento	l'entraînement, la formation
almacenar	stocker
el almacenero	le magasinier
el análisis	l'analyse
el anunciante	l'annonceur
el blanco	la cible
el canal de distribución	le réseau de distribution
la capacitación profesional	la formation professionnelle
la carpeta	la chemise, le dossier
la competencia	la concurrence
el competidor, el rival	le concurrent
competir con	faire concurrence à
competitivo	compétitif
el comportamiento	le comportement
la concurrencia	l'affluence
consultar algo con alguien	consulter quelqu'un sur quelque chose
el consumidor	le consommateur
el consumo	la consommation
el coste de la vida	le coût de la vie
la cualificación	la qualification
los datos	les données, les informations
el detallista	le détaillant
la encuesta	l'enquête
el enfoque	l'approche
la entrevista	l'entrevue
entrevistarse con alguien	rencontrer quelqu'un
las estadísticas	les statistiques
la estrategia	la stratégie
el estudio de mercado	l'étude de marché
el examen	le dépouillement
las existencias	les stocks
el expediente (« dossier »)	le dossier (documents)
explotar	exploiter
la facturación	le chiffre d'affaires
fidedigno	digne de foi
la fuerza de venta	la force de vente
la gama de productos	la gamme de produits
incrementar	augmenter
el índice	l'indice, le signe
el informe	le rapport, la note
la inversión	l'investissement
el inversionista	l'investisseur
invertir	investir

la investigación	la recherche
investigar	chercher
el lanzamiento	le lancement
el margen beneficiario	la marge bénéficiaire
mayor (al por)	en gros
el mayorista	le grossiste
la medida	la mesure
medir	mesurer
menor (al por)	au détail
el mercado	le marché, le débouché
mermar	diminuer
la mesura	la pondération
el minorista	le détaillant
la muestra	l'échantillon
el muestrario	l'échantillonnage
el objetivo	l'objectif
el « panel »	le « panel »
el posicionamiento	le positionnement
el presupuesto	le budget, le devis
la prueba	le test
el punto de venta	le point de vente
la red	le réseau
la red de estadísticas	la grille de statistiques
la relación	la relation, le rapport
la relación de gastos	le relevé des dépenses
la remesa	la remise, l'envoi
la renta per cápita	le revenu par habitant
la reseña	le compte rendu
el representante	le représentant
el resultado	le résultat
el rival	le concurrent
la salida	le débouché
el segmento	le créneau
la situación competitiva	la position concurrentielle
someter a una prueba	tester
sondear	sonder
el sondeo	le sondage
el soporte publicitario	le support publicitaire
el « test »	le test
el umbral de rentabilidad	le seuil de rentabilité
el vendedor	le vendeur
vender a plazos	vendre à terme, à crédit
el volumen de negocios	le chiffre d'affaires

V

LANZAMIENTO DE UN NUEVO PRODUCTO ENCUESTAS ECONÓMICAS

LANCEMENT D'UN NOUVEAU PRODUIT ENQUÊTES ÉCONOMIQUES

Guión

Manuel García se entrevista con D. Pablo Velázquez, director general de Pielujo, para someterle su proyecto de lanzamiento al mercado de un nuevo modelo de cartera de cuero. El director parece muy interesado y pide que se haga un estudio de mercado completo. Manuel prepara el cuestionario de una encuesta destinada a evaluar las posibilidades del nuevo artículo.

Scénario

Manuel Garcia a un entretien avec M. Pablo Velazquez, directeur général de Pielujo, pour lui soumettre son projet de lancement sur le marché d'un nouveau modèle de porte-documents en cuir. Le directeur semble très intéressé et demande que l'on fasse une étude de marché complète. Manuel prépare le questionnaire d'une enquête destinée à évaluer les chances du nouvel article.

El director general de Pielujo recibe a Manuel que le presenta su proyecto de lanzar una nueva cartera al mercado.

Manuel : Creo que este artículo podría competir favorablemente con los ya existentes en el mercado. Aparte de España, existen también muy buenas perspectivas en varios países europeos vecinos. Según el estudio previo, esta cartera es técnicamente irreprochable, su precio de venta será muy competitivo y el margen beneficiario más que satisfactorio.

Director : Siempre he pensado que era necesario variar y mejorar nuestra producción. Apruebo plenamente su proyecto de lanzar un nuevo modelo de cartera de cuero. Sin embargo, debemos tener una idea exacta de la importancia del mercado. Nos harían falta indicaciones sobre el número de compradores potenciales en cada región y su poder adquisitivo real.

M. Ud tiene razón. Un estudio de mercado es la condición previa a una buena política de ventas. Si no nos conformáramos con las indicaciones del mercado, correríamos el riesgo de sorpresas desagradables. Es imprescindible conocer los deseos, las aspiraciones así como las motivaciones de las diferentes categorías de consumidores. Por eso, vamos a efectuar previamente una encuesta muy seria al respecto.

D. ¿ Cuánto tiempo tardará ?

M. Muy poco. Puedo conseguir una gran parte de los datos necesarios dirigiéndome a una agencia especializada y mi encuesta personal podrá realizarse en menos de una semana. Creo que dentro de diez o doce días tendré todas las informaciones deseadas y que estaré en condiciones de someterle un informe detallado y completo.

D. No se olvide tampoco de la cuestión de la publicidad y de la promoción de ventas.

M. No se preocupe. En este aspecto también, las preguntas que voy a preparar para la encuesta nos permitirán encontrar los medios de acción adecuados.

Le directeur général de Pielujo reçoit Manuel qui lui présente son projet de lancement sur le marché d'un nouveau porte-documents.

Manuel : Je crois que cet article pourrait concurrencer favorablement ceux qui existent déjà sur le marché. En dehors de l'Espagne, il y a aussi de très bonnes perspectives dans plusieurs pays européens voisins. D'après l'étude préalable, ce porte-documents est techniquement irréprochable, son prix de vente sera très compétitif et la marge bénéficiaire plus que satisfaisante.

Directeur : J'ai toujours pensé qu'il était nécessaire de varier et d'améliorer notre production. J'approuve pleinement votre projet de lancer un nouveau modèle de porte-documents en cuir. Cependant, nous devons avoir une idée exacte de l'importance du marché. Il nous faudrait des indications sur le nombre d'acheteurs potentiels dans chaque région et leur pouvoir d'achat réel.

M. Vous avez raison. Une étude de marché est la condition préalable à une bonne politique de ventes. Si nous ne nous conformions pas aux indications du marché, nous prendrions le risque de surprises désagréables. Il est indispensable de connaître les désirs, les aspirations ainsi que les motivations des différentes catégories de consommateurs. C'est pour cela que nous allons d'abord effectuer une enquête très sérieuse à ce sujet.

D. Combien de temps mettrez-vous ?

M. Très peu. Je peux obtenir une grande partie des données nécessaires en m'adressant à un agence spécialisée et mon enquête personnelle pourra être réalisée en moins d'une semaine. Je crois que dans dix ou douze jours j'aurai tous les renseignements souhaités et que je serai en mesure de vous soumettre un rapport détaillé et complet.

D. N'oubliez pas non plus le problème de la publicité et de la promotion des ventes.

M. Ne vous inquiétez pas. Les questions que je vais préparer pour l'enquête nous permettront, dans ce domaine aussi, de trouver les moyens d'action appropriés.

Cuestionario : lanzamiento de la cartera « Prestigio »

A. **Los consumidores**

01. ¿ Qué tipo de consumidor se interesará por la cartera ?
02. ¿ Cuántos compradores potenciales existen ?
03. ¿ Dónde viven los compradores potenciales ?
04. ¿ Se adapta el precio previsto de la cartera a las posibilidades de los compradores ?
05. ¿ Cuál es la venta actual de los artículos de este tipo ?
06. ¿ Qué probabilidad existe sobre variación del volumen del mercado, a corto, medio y largo plazo ?
07. ¿ Cuál es la regularidad de compra de los consumidores ?
08. ¿ Existen variaciones estacionales en las ventas de las carteras ?
09. ¿ Qué aspectos del artículo interesan más a los compradores ?

B. **Los canales de distribución**

10. ¿ A través de qué canal o canales llega este tipo de artículo a los compradores ?
11. ¿ En qué otros canales se podría pensar ?
12. ¿ Cómo venden las empresas de la competencia los artículos de este tipo a los detallistas ?
13. ¿ Qué organizaciones intermediarias de distribución existen ?

C. **La competencia**

21. ¿ Cuál es la competencia del artículo ?
22. ¿ Cuál es la situación en el mercado de las distintas firmas y marcas de la competencia ?
23. ¿ Hasta qué punto puede afectar la distribución del artículo a las empresas competidoras ? ¿ Es probable que se produzca un mayor esfuerzo de la competencia ?
24. ¿ Qué probabilidad existe de que entren nuevos fabricantes en el mercado con carteras idénticas ?
25. ¿ Es fácil el lanzamiento rápido de un artículo similar ?

Questionnaire : lancement du porte-documents « Prestige »

A. *Les consommateurs*

01. Quel type de consommateur sera intéressé par le porte-documents ?
02. Combien d'acheteurs potentiels y a-t-il ?
03. Où vivent les acheteurs potentiels ?
04. Le prix prévu du porte-documents est-il adapté aux possibilités des acheteurs ?
05. Quelle est la vente actuelle des articles de ce genre ?
06. Quelle probabilité y a-t-il d'une variation en volume du marché, à court, moyen et long terme.
07. Quelle est la régularité d'achat des consommateurs ?
08. Existe-t-il des variations saisonnières dans la vente des porte-documents ?
09. Quels aspects de l'article intéressent le plus les acheteurs ?

B. *Les circuits de distribution*

10. Par l'intermédiaire de quel(s) circuit(s) ce genre d'article parvient-il aux acheteurs ?
11. A quels autres circuits pourrait-on penser ?
12. Comment les entreprises de la concurrence vendent-elles les articles de ce genre aux détaillants ?
13. Quelles sont les organisations intermédiaires de distribution existantes ?

C. *La concurrence*

21. Quelle est la concurrence de l'article ?
22. Quelle est la situation sur le marché des différentes firmes et marques de la concurrence ?
23. Jusqu'à quel point la distribution de l'article peut-elle affecter les entreprises concurrentes ? Est-il probable que la concurrence produise un plus gros effort ?
24. Quelle probabilité y a-t-il que de nouveaux fabricants entrent sur le marché avec des porte-documents identiques ?
25. Le lancement rapide d'un article similaire est-il facile (ou probable) ?

El plan de marketing consta esencialmente de dos partes :
- una de análisis de los períodos anteriores, en especial del que antecede al que se planifica ;
- otra en la que se marcan los objetivos y se señalan los medios para lograrlos.

Estas dos vertientes en las que se descompone el plan están basadas en la más pura lógica aristotélica : es preciso estudiar las premisas para después llegar a la conclusión.

Son indispensables, en efecto, el estudio y análisis de los antecedentes del producto en el mercado para poder decidir las acciones del futuro. No debemos improvisar y el marketing debe desconfiar del genio, que nada puede hacer si desconoce las características del mercado. Se recogerá toda la información posible elaborada en la empresa u obtenida de fuentes exteriores, allegando así material para facilitar la toma de decisiones en la que consiste en realidad la segunda parte del plan.

El sentido de rentabilidad es absolutamente necesario en el plan de marketing. La diferencia entre esta moderna forma de planificar y los antiguos planes de ventas, es la de que mientras en éstos sólo había una preocupación por la venta, el plan de marketing planifica toda una serie de objetivos en los que no sólo están previstas las ventas sino también otras finalidades relativas al consumo, la publicidad o el merchandising y, sobre todo, aportando siempre a estos objetivos una conciencia económica de rentabilidad. No se trata de planificar unidades a vender, sino técnicas que proporcionen beneficio a la empresa, previa satisfacción al consumidor.

La segunda parte del plan propone los medios de acción. Tienen que estar en perfecta coherencia con los objetivos y quedar dentro del presupuesto calculado. Es aquí donde el hombre de marketing ha de aportar la vena de sus conocimientos así como la chispa creadora, las ideas nuevas y la originalidad indispensables.

El plan de marketing debe ser objeto de control. Esta característica le procurará entonces aquella posibilidad de revisión que lo hace dinámico y operante. Debe establecerse un sistema continuo de comprobación del cumplimiento o la desviación de los objetivos para, en este caso, tomar las medidas correctivas que permitan alcanzarlos. Este control se lleva a cabo a través del estudio comparativo de las ventas realizadas y las previstas, los inventarios periódicos y los estudios de mercado.

Le plan de marketing comporte essentiellement deux parties :
- l'une d'analyse des périodes antérieures, en particulier de celle qui précède la période planifiée ;
- l'autre où l'on précise les objectifs et où l'on indique les moyens d'y parvenir.

Ces deux aspects dans lesquels se décompose le plan sont basés sur la plus pure logique aristotélicienne : il faut étudier les prémisses pour ensuite arriver à la conclusion.

L'étude et l'analyse des antécédents du produit sur le marché sont indispensables pour pouvoir décider des actions du futur. Nous ne devons pas improviser et le marketing doit se méfier du génie qui ne peut rien faire s'il ne connaît pas les caractéristiques du marché. On recueillera toute l'information possible élaborée dans l'entreprise ou obtenue de sources extérieures, réunissant ainsi des matériaux pour faciliter la prise de décisions qui constitue en réalité la seconde partie du plan.

Le sens de la rentabilité est absolument nécessaire dans le plan de marketing. La différence entre cette forme moderne de planification et les anciens plans de ventes, est que, tandis que ceux-ci ne se préoccupaient que de la vente, le plan de marketing planifie toute une série d'objectifs où, non seulement les ventes sont prévues, mais aussi d'autres finalités concernant la consommation, la publicité et le merchandising et, surtout, en apportant toujours à ces objectifs une conscience économique de rentabilité. Il ne s'agit pas de planifier des unités à vendre, mais des techniques qui procureront des bénéfices à l'entreprise après avoir donné satisfaction au consommateur.

La seconde partie du plan propose des moyens d'action. Ils doivent être en parfaite cohérence avec les objectifs et rester dans les limites du budget calculé. C'est ici que l'homme de marketing doit apporter la veine de ses connaissances ainsi que l'étincelle créatrice, les idées neuves et l'originalité indispensables.

Le plan de marketing doit faire l'objet de contrôle. Cette caractéristique lui procurera alors cette possibilité de révision qui le rend dynamique et efficace. On doit établir un système suivi de vérification de l'exécution ou de la déviation des objectifs pour, dans ce cas, prendre les mesures correctives qui permettront de les atteindre. Ce contrôle est effectué au moyen de l'étude comparative des ventes réalisées et des ventes prévues, des inventaires périodiques et des études de marché.

1. De nos jours, il existe des sociétés qui se consacrent uniquement à faire des enquêtes et des sondages.
2. Les questions des enquêtes doivent être courtes, simples et claires.
3. Le marché réel est constitué par l'ensemble des consommateurs effectifs d'un produit.
4. Le marché potentiel est l'ensemble des consommateurs qui peuvent désirer acheter un article.
5. On réalise des ventes expérimentales pour vérifier les effets des projets de promotion.
6. Nous devons essayer de connaître les principales firmes de la concurrence.
7. L'évolution du marché est liée à l'augmentation de la population...
8. ... sans oublier de tenir compte des modifications des structures.
9. Le produit devra être conçu en fonction des besoins et des aspirations du client.
10. Le fait de connaître la fréquence de renouvellement de l'achat est déterminant.
11. Y a-t-il des variations saisonnières dans la vente de ce produit ?
12. Convient-il que le nouveau produit sorte sous le nom connu de la marque ?
13. Comment les ventes se répartissent-elles en pourcentage parmi les différents détaillants ?
14. Y a-t-il des préjugés envers le produit parmi les consommateurs ?
15. Quelle sorte de promotions des ventes les entreprises concurrentes réalisent-elles ?
16. Va-t-on faire breveter le nouveau produit ?
17. Y a-t-il d'autres problèmes dignes d'être pris en considération pour le lancement de cet article ?
18. Certaines sociétés ont donné le titre de directeur du marketing à leur directeur commercial.

1. Hoy día, existen sociedades que se dedican únicamente a hacer encuestas y sondeos.
2. Las preguntas de las encuestas deben ser cortas, sencillas y claras.
3. El mercado real está formado por el conjunto de los consumidores efectivos de un producto.
4. El mercado potencial es el conjunto de los consumidores que pueden desear adquirir un artículo.
5. Se hacen ventas experimentales para comprobar los efectos de los proyectos de promoción.
6. Debemos tratar de conocer las principales firmas de la competencia.
7. La evolución del mercado está ligada al aumento de la población...
8. ... sin olvidar tener en cuenta las modificaciones de las estructuras.
9. El producto tendrá que ser concebido con arreglo a las necesidades y aspiraciones del cliente.
10. El hecho de conocer la frecuencia de renovación de la compra es determinante.
11. ¿ Existen variaciones estacionales en la venta de este producto ?
12. ¿ Es conveniente para el nuevo producto salir con el nombre conocido de la marca ?
13. ¿ Cómo se distribuyen en porcentaje las ventas entre los distintos detallistas ?
14. ¿ Existen prejuicios entre los consumidores hacia el producto ?
15. ¿ Qué tipo de promociones de ventas realizan las empresas competidoras ?
16. ¿ Se vá a patentar el nuevo producto ?
17. ¿ Hay otros problemas dignos de consideración para el lanzamiento de este artículo ?
18. Ciertas sociedades han dado el título de director de marketing a su director comercial.

la acción	l'action
actualizar	actualiser
actuar	agir
adaptarse	s'adapter
agudizar	intensifier, accentuer
anteceder	précéder
aprobar	approuver
el aprovechamiento	l'utilisation
la categoría	la catégorie, la classe
el cliente potencial	le client potentiel
la comparación	la comparaison
la conclusión	la conclusion
la confianza	la confiance
conformarse con/a la coherencia	se conformer à la cohérence
el conjunto	l'ensemble
constar de	être composé de
el contacto	le contact
coordinar	coordonner
correr el riesgo	courir le risque
la crítica	la critique
la cuantificación	la quantification
dar a entender	laisser entendre
el dato	le renseignement, la donnée
dedicarse	se consacrer
desconfiar	se défier, se méfier
el deseo	le désir, le souhait
despertar el interés	éveiller l'intérêt
el detalle	le détail
determinar	déterminer
la diferencia	la différence
el encuestador	l'enquêteur
encuestar	faire une enquête
enterarse de algo	s'informer de quelque chose, apprendre...
esforzarse	s'efforcer
estacional	saisonnier
la explotación	l'exploitation
la extrapolación	l'extrapolation
el formulario	le formulaire
la fuente de informaciones	la source d'informations
la homogeneidad	l'homogénéité
la idea	l'idée
imprescindible	indispensable

la incertidumbre	l'incertitude
indeciso	indécis
el informante	l'informateur, le rapporteur
la intención	l'intention
la labor	la tâche, le travail
la lógica	la logique
la mayoría	la majorité
la medida correctiva	la mesure corrective
el medio de acción	le moyen d'action
mejorar	améliorer
la motivación	la motivation
la negativa	le refus
nivelar el desequilibrio	corriger le déséquilibre
la nomenclatura	la nomenclature
la opinión pública	l'opinion publique
patentar	breveter, patenter
el perfeccionamiento	le perfectionnement
el período	la période
el perjuicio	le préjudice
la perspectiva	la perspective
el plazo	le délai
el poder adquisitivo	le pouvoir d'achat
el prejuicio	le préjugé
la previsión	la prévision
la probabilidad	la probabilité
el pronóstico	le pronostic
el proyecto	le projet
el punto de venta	le point de vente
real	réél
rellenar un cuestionario	remplir un questionnaire
la renovación	le renouvellement
la rentabilidad	la rentabilité
el resultado	le résultat
satisfactorio	satisfaisant
sencillo	simple
la síntesis	la synthèse
supervalorar	surestimer
supervisar	superviser
la técnica	la technique
la toma de decisiones	la prise de décisions
tomar apuntes	prendre des notes
a través de	par l'intermédiaire de
la variación	la variation
variar	varier, changer

VI

PREPARACIÓN DE UN VIAJE DE NEGOCIOS

PRÉPARATION D'UN VOYAGE D'AFFAIRES

A. Situaciones

A 1. Preparación del programa
A 2. Reserva de habitaciones

B. Documentación

B 1. Alquiler de coches
B 2. Las tarjetas de crédito
B 3. Fichero de frases
B 4. Fichero de vocabulario

Guión

Manuel García tiene que realizar muy pronto un viaje de negocios a Estados Unidos y a Puerto Rico. Ayudado por Teresa Marcañada, su secretaria, ultima los detalles del programa. Entre otros preparativos, Teresa redacta una carta que firmará Manuel para reservar una habitación en un hotel de San Juan de Puerto Rico. Por otra parte, la sociedad Pielujo ha invitado a varios compradores franceses a pasar unos días en Madrid. Manuel telefonea a un amigo suyo, director de un hotel, para reservar las habitaciones.

Scénario

Manuel Garcia doit effectuer très bientôt un voyage d'affaires aux États-Unis et à Porto Rico. Aidé de Teresa Marcañada, sa secrétaire, il règle les détails du programme. Entre autres préparatifs, Teresa rédige une lettre que signera Manuel pour réserver une chambre dans un hôtel de San Juan de Porto Rico. D'autre part, la société Pielujo a invité plusieurs acheteurs français à venir passer quelques jours à Madrid. Manuel téléphone à l'un de ses amis, directeur d'un hôtel, pour réserver les chambres.

Manuel García, director del marketing
Teresa Marcañada, secretaria

M.G. Para que todo salga bien, tendré que llegar a Nueva York el día 17, salir para Chicago el 19, pasar por San Juan de Puerto Rico el 21 y estar de vuelta aquí el lunes 24. Ojalá pudiera visitar todas estas ciudades pero apenas tendré tiempo de ocuparme de los asuntos pendientes. Tenga cuidado con no perder este programa, podría necesitarlo en caso de que surgiera algún problema imprevisto.

T.M. ¿ Tiene Ud una preferencia por lo que se refiere a los hoteles ?

M.G. No, haga como de costumbre. Sin embargo, asegúrese que haya un telex en cada uno y también, de ser posible, una secretaría a la disposición de los huéspedes. Le echaré a Ud mucho de menos. En el futuro, procuraré que este tipo de viaje se prepare con bastante antelación para que pueda acompañarme, si no hay inconveniente por su parte ¡ claro está !

T.M. Muchas gracias. ¡ Sí que me gustaría !

M.G. Quedaría sorprendida de lo cansados que son estos viajes de negocios allende los mares. Hay todos estos cambios de husos horarios, de clima y de alimentación.

T.M. Ya lo sé. D. Pablo Velázquez me llevó una vez a un congreso en Montreal porque hablo francés e inglés. ¿ Piensa Ud telefonearnos desde allí ?

M.G. No, excepto por algo muy importante o urgente. Pero le mandaré un informe escrito desde mis dos primeras etapas.

T.M. ¿ Una carta o una cassette ? En la secretaría general tienen ahora magnetófonos de bolsillo muy prácticos con una capacidad de grabación de una hora.

M.G. ¡ Muy buena idea ! Les pediré que me presten uno pero Ud tendrá que mecanografiar estas grabaciones antes de entregarlas a sus destinatarios.

Manuel Garcia, directeur du marketing
Teresa Marcañada, secrétaire

M.G. Pour que tout aille bien, je devrai arriver à New York le 17, partir pour Chicago le 19, passer par San Juan de Puerto Rico le 21 et être de retour ici lundi 24. Si seulement je pouvais visiter toutes ces villes ! Mais j'aurai à peine le temps de m'occuper des affaires courantes. Prenez garde à ne pas perdre ce programme, vous pourriez en avoir besoin au cas où apparaîtrait quelque problème imprévu.

T.M. Avez-vous une préférence en ce qui concerne les hôtels ?

M.G. Non. Faites comme d'habitude. Cependant, assurez-vous qu'il y ait un télex dans chacun d'eux et aussi, dans la mesure du possible, un secrétariat à la disposition des hôtes. Vous me manquerez beaucoup. A l'avenir, je ferai en sorte que ce genre de voyage se prépare suffisamment à l'avance pour que vous puissiez m'accompagner, si vous n'y voyez pas d'inconvénient, évidemment !

T.M. Merci beaucoup. Cela me plairait bien !

M.G. Vous seriez surprise de constater combien ces voyages d'affaires au-delà des mers sont fatigants. Il y a tous ces changements de fuseaux horaires, de climat et d'alimentation.

T.M. Je le sais bien. M. Pablo Velazquez m'a emmenée une fois à un congrès à Montréal parce que je parle français et anglais. Pensez-vous nous téléphoner de là-bas ?

M.G. Non, sauf pour quelque chose d'important ou d'urgent. Mais je vous enverrai un rapport écrit depuis mes deux premières étapes.

T.M. Une lettre ou une cassette ? Au secrétariat général, ils ont maintenant des magnétophones de poche très pratiques avec une autonomie d'enregistrement d'une heure.

M.G. Très bonne idée ! Je leur demanderai de m'en prêter un, mais vous devrez dactylographier ces enregistrements avant de les remettre à leurs destinataires.

A. Una carta de reserva

Hotel EL MORRO
Malecón, 347
SAN JUAN, Puerto Rico

Madrid, 10 de mayo de 200...

Muy Señores míos :
Quisiera reservar una habitación individual con cuarto de baño para las noches del 21 al 22 y del 22 al 23 de mayo próximo.
Si no tuvieran habitación libre aquellos dos días, sírvanse proponerme una solución de recambio en cualquier otro hotel de su cadena siempre que esté situado en un barrio tranquilo y céntrico. Me gustaría que tuviera también un telex y un servicio de secretaría a la disposición de los clientes.
Agradeciéndoles de antemano una respuesta rápida, les saludo atentamente.

B. Reserva por teléfono

X. Hotel Carlos II. Dígame.
M.G. Buenos días Soy Manuel García de la sociedad Pielujo. Quisiera hablar con el director.
X. Muy buenas. Un momento. Voy a ver si está libre.
M.G. ... ¡ Oiga ! Buenos días D. Felipe, ¿ qué tal está ? & Muy bien, gracias ... Tenemos un grupo de compradores franceses que viene a pasar unos días en Madrid, ¿ podría reservarles algunas de sus mejores habitaciones, las que dan al jardín ? ... Hay dos parejas y un soltero, se quedarán del 8 al 13 de este mes ... Sí, como de costumbre se extenderá la factura a nombre de Pielujo. Le voy a mandar inmediatamente una carta de confirmación con los apellidos y las fechas ... Aprovecharé la oportunidad para ir a saludarle. Muchas gracias por todo, adiós.

A. Une lettre de réservation

Hotel EL MORRO
Malecón, 347
San Juan, Puerto Rico

Madrid, le 10 mai 200...

Messieurs,
Je voudrais réserver une chambre individuelle avec salle de bains pour les nuits du 21 au 22 et du 22 au 23 mai prochain.
Si vous n'aviez pas de chambre libre ces deux jours-là, veuillez me proposer une solution de rechange dans n'importe quel autre hôtel de votre chaîne, pourvu qu'il soit situé dans un quartier tranquille et central. J'aimerais qu'il y ait également un télex et un service de secrétariat à la disposition des clients.
En vous remerciant à l'avance pour une réponse rapide, je vous prie d'agréer...

B. Réservation téléphonique

X. Hôtel Carlos II. J'écoute.
M.G. Bonjour. Je suis Manuel Garcia de la société Pielujo. Je voudrais parler au directeur.
X. Bonjour. Un moment. Je vais voir s'il est libre.
M.G. ... Allô ! Bonjour M. Felipe, comment allez-vous ? & Très bien, merci ... Nous avons un groupe d'acheteurs français qui vient passer quelques jours à Madrid, pourriez-vous leur réserver quelques-unes de vos meilleures chambres, celles qui donnent sur le jardin ? ... Il y a deux couples et un célibataire, ils resteront du 8 au 13 de ce mois ... Oui, comme d'habitude vous établirez la facture au nom de Pielujo. Je vais vous envoyer immédiatement une lettre de confirmation avec les noms et les dates ... Je profiterai de cette occasion pour aller vous saluer. Merci beaucoup pour tout, au revoir.

 Alquiler de coches

Condiciones generales e información
Las tarifas se basan en tiempo y kilometraje, e incluyen aceite, mantenimiento normal del vehículo, cinturones, seguro de rotura de parabrisas, mapas de carreteras y documentos internacionales de aduanas.

Las tarifas también incluyen, sin gastos adicionales, seguro de responsabilidad civil, daños a terceros con fianza ilimitada y una cobertura contra daños al vehículo por incendio o robo.

El importe de la responsabilidad del arrendatario por daños al vehículo es fijado por la compañía y puede eximirse mediante el pago de un cargo adicional. Se puede también adquirir un seguro de daños personales para gastos de atenciones medicales para el arrendatario o sus pasajeros.

Bajo ciertas condiciones, es posible devolver el coche en la mayoría de las ciudades europeas. El arrendatario se responsabiliza del coste del combustible y de las multas. Es necesario que haya cumplido los ventitrés años de edad y esté en posesión de una licencia de conducir, al menos con seis meses de antigüedad.

VI B 2 **Las tarjetas de crédito**

Las principales tarjetas de crédito permiten, prácticamente en todo el mundo, efectuar compras en las mejores tiendas, pagar las facturas de los hoteles y restaurantes, así como adquirir billetes de avión y ferrocarril o alquilar coches.
Ciertas tarjetas presentan ventajas especiales :

- Reposición de la tarjeta perdida o robada. Además, en este caso, su responsabilidad queda limitada.
- Sustitución de los cheques de viaje extraviados.
- Un seguro de accidentes si se compran los billetes de viaje con la tarjeta.
- Préstamos de dinero en efectivo si lo necesita.

Conditions générales et renseignements
Les tarifs sont établis en fonction de la durée et du kilométrage ; ils comprennent l'huile, l'entretien normal du véhicule, les ceintures de sécurité, l'assurance contre le bris de pare-brise, des cartes routières et les documents douaniers internationaux.

Ils incluent également, sans frais supplémentaires, l'assurance de responsabilité civile, de dommages aux tiers avec une garantie illimitée et une couverture contre les dommages causés au véhicule par le feu ou le vol.

Le montant de la responsabilité de l'usager (locataire) pour les dommages causés au véhicule est fixé par la compagnie et l'on peut s'en libérer par le paiement d'une charge complémentaire. On peut également acquérir une assurance contre les dommages corporels qui couvre les frais de soins médicaux de l'usager (locataire) et de ses passagers.

Sous certaines conditions, il est possible de rendre la voiture dans la plupart des villes européennes. L'usager (locataire) assume la responsabilité du coût du combustible et des amendes. Il faut qu'il ait vingt-trois ans révolus et soit en possession d'un permis de conduire délivré depuis au moins six mois.

VI B 2 **Les cartes de crédit**

Les principales cartes de crédit permettent, pratiquement dans le monde entier, d'effectuer des achats dans les meilleures boutiques, de payer les factures des hôtels et des restaurants, ainsi que d'acquérir des billets d'avion et de chemin de fer ou de louer des voitures.

Certaines cartes présentent des avantages particuliers :

- Renouvellement de la carte perdue ou volée. En outre, dans ce cas, votre responsabilité reste limitée.
- Remplacement des chèques de voyage égarés.
- Une assurance accidents si l'on achète les titres de transport avec la carte.
- Des prêts en espèces en cas de nécessité.

 Essayez de traduire...

1. Je viens d'arriver à Mexico et mon temps est limité.
2. Permettez que je me présente. Je me nomme Francisco Aldana et je représente la maison Pielujo.
3. Voici ma carte. Je suis certain que notre entreprise ne vous est pas inconnue.
4. Monsieur Jaranero, cela a été un plaisir de traiter avec vous.
5. Je le regrette, mais nous ne recevons pas les représentants sans un rendez-vous préalable.
6. Je ne peux déranger M. Becquer sous aucun prétexte.
7. S'il s'agissait d'un cas normal, je n'oserais pas demander un entretien.
8. Je vous téléphonerai pour convenir d'une visite et préciser la date.
9. J'espère avoir l'occasion de vous revoir très bientôt.
10. Je vous serais reconnaissant de me recommander un motel près de cette ville.
11. Veuillez me réserver deux places « non fumeurs » en classe touriste.
12. Nous regrettons de devoir vous dire que nous n'avons pas de chambre libre avant le 3 janvier.
13. Monsieur Fernando Cristiano et Madame ont l'honneur de solliciter la présence de Monsieur Ernesto Moro et de Madame...
14. ... au dîner qui aura lieu vendredi 15 avril à 21 heures.
15. Nous aurons beaucoup de plaisir à assister au dîner de vendredi et à apprécier votre aimable compagnie.
16. L'acheteur signe les chèques de voyage au moment de l'acquisition...
17. ... et les signe de nouveau quand il veut les toucher ou payer dans une boutique.
18. Les transports, la banque et le tourisme représentent des exportations invisibles.

1. Acabo de llegar a Méjico y mi tiempo es limitado.
2. Permita que me presente. Me llamo Francisco Aldana y represento la casa Pielujo.
3. Aquí tiene Ud mi tarjeta. Estoy seguro de que nuestra empresa no le es desconocida.
4. Señor Jaranero, ha sido un placer negociar con Ud.
5. Lo siento pero no recibimos a los representantes sin una cita previa.
6. No puedo molestar al señor Bécquer bajo ningún pretexto.
7. Si se tratara de un caso normal, no me atrevería a pedir una entrevista.
8. Le telefonearé para concertar una visita y concretar la fecha.
9. Espero tener la oportunidad de volver a verle muy pronto.
10. Le agradecería me recomendara un motel cerca de la ciudad.
11. Haga el favor de reservarme dos asientos « no fumadores » en clase turista.
12. Lamentamos tener que decirle que no tenemos habitación libre hasta el 3 de enero.
13. D. Fernando Cristiano y señora solicitan el honor de la presencia de D. Ernesto Moro y señora...
14. ... en la cena que se celebrará el viernes 15 de abril a las nueve de la noche.
15. Tendremos mucho placer en asistir a la cena del viernes y gozar de su grata compañía.
16. El comprador firma los cheques de viaje al adquirirlos...
17. ... y los vuelve a firmar cuando quiere cobrarlos o pagar en una tienda.
18. Los transportes, la banca y el turismo representan exportaciones invisibles.

acoger	accueillir
aconsejar	conseiller
la admisión	l'admission
la aduana	la douane
el aeropuerto	l'aéroport
la agencia de viaje	l'agence de voyages
el alquiler	la location, le loyer
anular, cancelar	annuler
el aparcamiento	le parc de stationnement
aparcar un coche	garer une voiture
el apartado de correos	la boîte postale
el apellido	le nom de famille
arrendar, alquilar	louer
asegurar	assurer
atender a un cliente	s'occuper d'un client
atenerse a un plazo	respecter un délai
la autopista de peaje	l'autoroute à péage
la avería	la panne
el billete con fecha abierta	le billet « open »
caducado	périmé
cambiar divisas	changer des devises
por carretera	par la route
el código telegráfico	le code télégraphique
la conexión	la liaison
la conferencia	la conférence, la communication téléphonique
la contraseña	la contremarque
el coste de la vida	le coût de la vie
desembarcar	débarquer
el desistimiento	le désistement
el despegue	le décollage
las dietas	les indemnités de déplacement
la diferencia horaria	le décalage horaire
la documentación	les papiers d'identité
el enlace (trenes, autobuses, etc.)	la correspondance (trains, autobus, etc.)
la estación de ferrocarril	la gare ferroviaire
el formulario	le formulaire
los gastos	les dépenses, les frais
hacer gestiones	faire des démarches
el giro postal	le mandat postal
el giro telegráfico	le mandat télégraphique
la guía telefónica	l'annuaire
el hombre de negocios	l'homme d'affaires

imprevisto	imprévu
la indemnización	l'indemnisation
el informe	le rapport, le mémoire
el justificante	la pièce justificative
una llamada a/de cobro revertido	un appel téléphonique en P.C.V.
el maletín de viaje	l'attaché-case
negar un servicio	refuser un service
el participante	le participant
participar algo	faire part de quelque chose
participar en un seminario	participer à un séminaire
el pasajero	le passager
la peculiaridad	la particularité
pendiente	en attente
el percance	le contretemps
perder el avión	manquer l'avion
la planificación	le planning
la plaza	la place
el plazo	le délai
prestar servicio	rendre service
los problemas pendientes	les problèmes en suspens
el recado ; dar el recado	la commission ; faire la com.
recargar el precio	majorer le prix
el recorrido	le parcours
la repatriación	le rapatriement
la reserva	la réservation
sacar un billete	prendre un billet
la sala de transit	la salle de transit
el seguro...	l'assurance...
... de accidentes	... accidents
... de daños a terceros	... de dommages aux tiers
... a todo riesgo	... tout risque
... de vida	l'assurance-vie
la tarjeta de embarque	la carte d'embarquement
los trámites aduaneros	les formalités douanières
el transbordo (tren, avión)	le changement (train, avion)
la travesía	la traversée
la tripulación	l'équipage
válido	valable, valide
verificarse	avoir lieu
el viajante (representante)	le voyageur de commerce
el viajero y su equipaje	le voyageur et ses bagages
el visado	le visa
el vuelo nocturno	le vol de nuit

VII

COMERCIO INTERIOR Y DISTRIBUCIÓN

COMMERCE INTÉRIEUR ET DISTRIBUTION

A. Situaciones
- A 1. Conversación acerca de los hipermercados
- A 2. Carta de pedido
- A 3. Despacho de mercancías

B. Documentación
- B 1. Canales de distribución
- B 2. Fichero de frases
- B 3. Fichero de vocabulario

Guión

Manuel García, director de marketing, está estudiando nuevos canales de distribución. Visita un hipermercado y habla con el gerente de las ventajas y de los inconvenientes de este tipo de establecimiento.
Sin embargo, sigue atendiendo los asuntos pendientes y supervisa particularmente la correspondencia con los nuevos clientes.

Scénario

Manuel Garcia, directeur de marketing, est en train d'étudier de nouveaux circuits de distribution. Il visite un hypermarché et discute avec le gérant des avantages et des inconvénients de ce type d'établissement.
Cependant, il continue à s'occuper des affaires courantes et supervise particulièrement la correspondance avec les nouveaux clients.

Conversación acerca de los hipermercados

Jérónimo Alba, gerente de un hipermercado
Manuel García, director de marketing de Pielujo

M.G. ¿ Cómo explica Ud el éxito de los super e hipermercados ?

J.A. Se explica sobre todo por el lugar de implantación. Dejamos el casco urbano completamente saturado para emigrar hacia zonas del extrarradio donde el tráfico no plantea problema alguno. Allí disponemos de aparcamientos inmensos y Ud conocerá esta regla de oro : la superficie de aparcamiento equivale a la superficie de venta multiplicada por dos. Además nuestra gasolina es algo más barata que en otras partes. Los simples minoristas y hasta los grandes almacenes no pueden ofrecer estas ventajas esenciales para la mayoría de los compradores.

M.G. Sí, supieron sacar un buen partido de la inclinación de la clientela por la motorización.

J.A. Sí, pero ofrecemos también otras facilidades : apertura a horas favorables para las personas que trabajan, posibilidad de pagar por cheque o con tarjetas de crédito, reembolso del artículo defectuoso, guarderías infantiles, cafetería, etc.

M.G. Recientemente hubo muchas críticas en la prensa. Dicen que Uds imponen sus precios a los productores.

J.A. Eso es pura calumnia. Nuestra única preocupación consiste en satisfacer a la clientela. En cambio, est verdad que nuestros métodos de venta son el resultado de estudios científicos muy serios. Por ejemplo, nuestros expertos advirtieron que las mujeres compran más los artículos situados a su derecha. Entonces dispusimos nuestras estanterías en conformidad con esta observación.

M.G. Les tachan también de manipular a los clientes como si fueran meros títeres. Cuentan que vigilan su comportamiento por medio de un circuito de televisión.

J.A. Nuestras cámaras sólo se interesan por los ladrones. Es la contrapartida del sistema de libreservicio.

Jeronimo Alba, gérant d'un hypermarché
Manuel Garcia, directeur de marketing de Pielujo

M.G. Comment expliquez-vous le succès des supermarchés et des hypermarchés ?

J.A. Il s'explique surtout par le lieu d'implantation. Nous avons abandonné le périmètre urbain complètement saturé pour émigrer vers des zones suburbaines où la circulation ne pose aucun problème. Nous y disposons de parkings immenses et vous devez connaître cette règle d'or : la superficie de parking équivaut à la superficie de vente multipliée par deux. En outre, notre essence est un peu moins chère qu'ailleurs. Les simples détaillants et même les grands magasins ne peuvent offrir ces avantages si importants pour la plupart des acheteurs.

M.G. Oui, vous avez su tirer un bon parti du goût de la clientèle pour la motorisation.

J.A. Oui, mais nous offrons aussi d'autres facilités : ouverture à des heures commodes pour les personnes qui travaillent, possibilité de payer par chèque ou avec des cartes de crédit, remboursement de l'article défectueux, garderie d'enfants, cafeteria, etc.

M.G. Récemment il y a eu beaucoup de critiques dans la presse. On dit que vous imposez vos prix aux producteurs.

J.A. C'est pure calomnie. Notre seule préoccupation est de satisfaire la clientèle. Par contre, il est exact que nos méthodes de vente sont le résultat d'études scientifiques très sérieuses. Par exemple, nos experts ont remarqué que les femmes achètent davantage les articles situés à leur droite. Nous avons alors disposé nos rayonnages en fonction de cette observation.

M.G. On vous reproche aussi de manipuler les clients comme s'ils étaient de simples marionnettes. On raconte que vous surveillez leur comportement par l'intermédiaire d'un circuit de télévision.

J.A. Nos caméras ne s'intéressent qu'aux voleurs. C'est la contrepartie du système de libre-service.

Muy señores míos :
En respuesta a su carta del 17 del corriente y en conformidad con sus condiciones de venta, les rogaría se sirvieran remitirme cuanto antes los artículos mencionados en el vale de pedido adjunto.
Caso que no tuvieran en existencias algunos de estos artículos, sírvanse aconsejarme otros que presenten características similares.
Tengo prevista una ampliación de mi almacén y dentro de poco podría hacerles pedidos mucho más importantes. En consecuencia, les agradecería también me mandaran lo más pronto posible su nuevo catálogo y la lista de precios.
En espera de sus noticias, les saluda atentamente.

VII A 3 Despacho de mercancías

Estimado señor :
Tenemos el gusto de participarle que acabamos de expedir los artículos que nos había pedido en su carta del 20 del actual.
Las condiciones de embalaje y de envío de estos zapatos han sido cuidadosamente comprobadas y esperamos lleguen en perfecto estado.
Adjuntamos a esta carta factura por duplicado. Le rogamos se sirva devolvernos un ejemplar debidamente firmado tan pronto como reciba los paquetes.
Por correo aparte, le mandamos también nuestro nuevo catálogo y nuestra última tarifa.
En la confianza de que quedará satisfecho con la calidad y el acabado de nuestros zapatos y aguardando sus próximas órdenes, le saludan atentamente.

Messieurs,
En réponse à votre lettre du 17 courant et en accord avec vos conditions de vente, je vous prierais de bien vouloir me faire parvenir dès que possible les articles indiqués sur le bon de commande ci-joint.
Au cas où vous n'auriez pas en stock certains de ces articles, veuillez m'en conseiller d'autres qui présentent des caractéristiques identiques.
J'ai prévu un agrandissement de mon magasin et je pourrais, avant peu, vous passer des commandes beaucoup plus importantes. En conséquence, je vous serais également très reconnaissant de m'envoyer le plus tôt possible votre nouveau catalogue et la liste des prix.
Dans l'attente de vos nouvelles, je vous prie d'agréer, Messieurs, mes salutations distinguées.

VII A 3 **Expédition de marchandises**

Monsieur,
Nous avons le plaisir de vous annoncer que nous venons d'expédier les articles que vous nous aviez commandés dans votre lettre du 20 courant.
Les conditions d'emballage et d'envoi de ces chaussures ont été soigneusement vérifiées et nous espérons qu'elles arriveront en parfait état.
Nous joignons à cette lettre une facture en double exemplaire. Nous vous prions de bien vouloir nous en retourner un, dûment signé, aussitôt que vous recevrez les paquets.
Sous pli séparé, nous vous envoyons également notre nouveau catalogue et notre dernier tarif.
Dans l'espoir que vous serez satisfait de la qualité et de la finition de nos chaussures et dans l'attente de vos prochaines commandes, nous vous prions d'agréer, Monsieur, l'expression de nos sentiments distingués.

1. **Comercios individuales** : el minorista o detallista vende directamente al consumidor. Suele especializarse en un sector determinado de la distribución : alimentación, calzados, etc. La venta de las mercancías se hace en una tienda, en un almacén o en el mercado. A veces los detallistas se agrupan en una cadena voluntaria para conseguir rebajas y mejores condiciones de pago de los fabricantes o de los mayoristas.

2. **El comercio al por mayor** : el mayorista compra mercancías en grandes cantidades a un productor, a un fabricante o a un importador, para distribuirlas después a los detallistas. Suele disfrutar de facilidades importantes para el almacenamiento y el transporte. Desempeña un papel regulador del mercado. El comisionista compra y vende por cuenta de sus comitentes, productores o comerciantes.

3. **Las sociedades con sucursales** : son numerosas en la alimentación. Cada sucursal depende de la sede social de la sociedad y es administrada por un gerente. La central de compras le provee los artículos que necesita.

4. **Las cooperativas** : su finalidad es proporcionar a sus miembros los servicios que ellos requieren sin ánimo de lucro. Suprimen los intermediarios y, a veces, producen sus propios artículos.

5. **Los grandes almacenes** : suelen vender una amplia gama de mercancías. Compran en grandes cantidades y seleccionan a los proveedores, lo que les permite conseguir condiciones muy ventajosas. Periódicamente, promueven las ventas mediante los saldos.

6. **El supermercado o libreservicio** : los clientes circulan libremente entre las diferentes estanterías. Se les proporciona a menudo un carrito para llevar los artículos escogidos y pagan sus compras a la salida. El hipermercado es un supermercado gigante.

7. **La venta por correspondencia** : se proponen las mercancías mediante un catálogo y el cliente manda directamente su pedido.

8. **La franquicia** : es una forma de negocios en la que un conjunto de elementos que pertenecen a la compañía que concede la franquicia (marca, imagen, métodos de fabricación, de venta y gestión) se vende o alquila a los inversores independientes que aportan el capital, los equipos y locales necesarios para asegurar la expansión de una red comercial.

1. *Commerces individuels :* le détaillant vend directement au consommateur. Il est généralement spécialisé dans un secteur déterminé de la distribution : alimentation, chaussures, etc. La vente des marchandises s'effectue dans une boutique, dans un magasin ou au marché. Parfois, les détaillants se groupent pour former une chaîne volontaire dans le but d'obtenir des remises et de meilleures conditions de règlement de la part des fabricants et des grossistes.

2. *Le commerce de gros :* le grossiste achète des marchandises en grandes quantités à un producteur, à un fabricant ou à un importateur, pour les distribuer ensuite aux détaillants. Il bénéficie généralement de facilités importantes pour le stockage et le transport. Il joue un rôle de régulateur du marché. Le commissionnaire achète et vend pour le compte de ses commettants, producteurs ou commerçants.

3. *Les sociétés à succursales :* elles sont nombreuses dans l'alimentation. Chaque succursale dépend du siège social de la société et elle est administrée par un gérant. La centrale d'achats lui fournit les articles dont il a besoin.

4. *Les coopératives :* leur finalité est de fournir à leurs membres les services qu'ils demandent sans intention de profit. Elles suppriment les intermédiaires et, parfois, produisent leurs propres articles.

5. *Les grands magasins :* ils vendent généralement une vaste gamme de marchandises. Ils achètent en grandes quantités et sélectionnent les fournisseurs, ce qui leur permet d'obtenir des conditions très intéressantes. Périodiquement, ils favorisent les ventes grâce aux soldes.

6. *Le supermarché ou libre-service :* les clients circulent librement parmi les différents rayonnages. On leur fournit souvent un caddy pour porter les articles choisis et ils paient leurs achats à la sortie. L'hypermarché est un supermarché géant.

7. *La vente par correspondance :* on propose les marchandises par l'intermédiaire d'un catalogue et le client envoie directement sa commande.

8. *Le franchisage :* c'est une forme de commerce dans laquelle un ensemble d'éléments qui appartiennent à la compagnie qui accorde la franchise (marque, image, méthodes de fabrication, de vente et de gestion) est vendu ou loué aux investisseurs indépendants qui apportent le capital, les équipements et les locaux nécessaires pour assurer l'expansion d'un réseau commercial.

1. Le service de livraison est totalement gratuit pour la capitale et sa banlieue (ses environs).
2. Nos prix s'entendent taxes comprises et emballages payés.
3. Ce marché semble offrir des débouchés extrêmement intéressants.
4. La qualité conserve la clientèle plus sûrement que les bas prix.
5. Un emballage soigné évite beaucoup de plaintes et de pertes de temps.
6. Dès que nous aurons reçu les marchandises, nous vous paierons la facture.
7. Les délais proposés nous semblent satisfaisants.
8. Quand vous viendrez à Madrid, n'hésitez pas à visiter notre usine.
9. Peut-être n'avez-vous pas encore reçu la facture que nous vous avons envoyée.
10. Je voudrais savoir quel est l'escompte que vous pourriez m'accorder pour paiement comptant.
11. Il est probable que ces prix, jusqu'à maintenant très bas, grimpent très vite.
12. Nous vous conseillons, dans votre propre intérêt, de nous passer cette commande dès que possible.
13. Malgré la grève, nous ferons tout notre possible pour vous donner satisfaction.
14. Nous souhaiterions que vous nous envoyiez plusieurs échantillons de chaque couleur.
15. Si la qualité nous convenait, nous vous passerions des commandes plus importantes.
16. Nous vous serions obligés de nous régler la somme indiquée sur cette facture.
17. Ces articles sont épuisés et nous regrettons de ne pas pouvoir satisfaire votre commande.
18. Nous sommes sûrs que vous pourrez surmonter ces problèmes.

1. El servicio de entrega es completamente gratuito para la capital y sus afueras.
2. Se entienden nuestros precios con tasas incluídas y embalajes pagados.
3. Este mercado parece ofrecer salidas sumamente interesantes.
4. La calidad conserva a la clientela de modo más seguro que los bajos precios.
5. Un embalaje esmerado evita muchas quejas y pérdidas de tiempo.
6. En cuanto hayamos recibido las mercancías, le pagaremos la factura.
7. Los plazos propuestos nos parecen satisfactorios.
8. Cuando venga a Madrid, no vacile en visitar nuestra fábrica.
9. Quizá no haya recibido aún la factura que le mandamos.
10. Quisiera saber qué descuento podrían concederme por pronto pago.
11. Es probable que estos precios, hasta ahora muy bajos, suban muy pronto.
12. Le aconsejamos, en su propio interés, nos haga el pedido cuanto antes.
13. A pesar de la huelga, haremos todo lo posible por satisfacerle.
14. Desearíamos nos enviaran varias muestras de cada color.
15. Si la calidad nos conviniera, les pasaríamos pedidos más importantes.
16. Les agradeceríamos nos pagaran la cantidad indicada en esta factura.
17. Estos artículos están agotados y lamentamos no poder atender su pedido.
18. Estamos seguros de que podrán superar estos problemas.

el abastecedor, el proveedor, el suministrador	le fournisseur
abastecer, proveer, suministrar	fournir
aconsejar	conseiller
el albarán	le bon de livraison
el almacén	le magasin
el almacenamiento	le stockage
almacenar	emmagasiner, stocker
el almacenero	le magasinier
el alza de los precios	la hausse des prix
la ampliación	l'agrandissement
el arqueo	la vérification de la caisse
el beneficio, la ganancia	le bénéfice
la caja registradora	la caisse enregistreuse
la cantidad	la quantité, la somme d'argent
la cartera de pedidos	le carnet de commandes
el cliente, el parroquiano (de una tienda)	le client
el comisionista	le commissionnaire
el comitente	le commettant
comprar a crédito	acheter à crédit
el déficit	le déficit
defraudar	tromper, frauder
la dependienta, la vendedora	la vendeuse
el dependiente, el vendedor	le vendeur
el descuento	l'escompte, la remise
el detallista, el minorista	le détaillant
una devolución	un rendu, un retour
devolver	rendre, retourner
duplicar	doubler, reproduire
el embalaje	l'emballage
embalar	emballer
la entrega	la livraison
el envase	l'emballage (liquides)
las estanterías	les rayonnages
las existencias	les stocks
experimentar una baja	subir une baisse
la factura de abono	la facture d'avoir
fomentar las ventas	encourager les ventes
el fondo de maniobra o de rotación	le fonds de roulement
la franquicia (franchising)	le franchisage
la gama	la gamme
un género	un article

a granel	en vrac
hacer las compras	faire les courses
incrementar una renta	augmenter un revenu
el índice de precios	l'indice des prix
el intermediario	l'intermédiaire
la margen de ganancias	la marge bénéficiaire
el mayorista	le grossiste
el mostrador	le comptoir
la muestra	l'échantillon
un negocio	un fonds de commerce, une affaire
la oferta	l'offre
la orden, el pedido	la commande
el pago contra reembolso	le règlement contre remboursement
la petición de precios	la demande de prix
el plazo de entrega	le délai de livraison
el porcentaje	le pourcentage
el precio de coste	le prix de revient
un primer plazo	un premier versement
proporcionar informaciones	fournir des renseignements
quejarse	se plaindre
la queja	la plainte, la doléance
la rebaja	la remise, le rabais
el recibo	le reçu, la quittance
la reclamación	la réclamation
reclamar	réclamer
la reducción	la réduction
reembolsar	rembourser
el registro mercantil	le registre du commerce
la relación de facturas	le relevé des factures
rellenar un documento	remplir un document
el representante	le représentant
la sección (almacén)	le rayon (magasin)
la sede social	le siège social
sumar	additionner, ajouter
el surtido	l'assortiment, le choix
la tasa	la taxe, le taux
la tienda	la boutique
la ubicación	l'emplacement
el vale de pedido	le bon de commande
la venta a plazos	la vente à tempérament
la venta al por mayor	la vente en gros
la venta al por menor	la vente au détail

VIII

EL COMERCIO INTERNACIONAL

LE COMMERCE INTERNATIONAL

A. Situaciones

A 1. Análisis del mercado mundial
A 2. Elección de las condiciones de pago

B. Documentación

B 1. Los medios de pago internacionales
B 2. Fichero de frases
B 3. Fichero de vocabulario

Guión

Manuel García recibe a un periodista que se interesa por la evolución del mercado del calzado. Por otra parte, José Martínez, un joven estudiante de ciencias económicas que está de prácticas en la sociedad, le hace algunas preguntas acerca de la elección de las condiciones de pago en el comercio internacional.

Scénario

Manuel Garcia reçoit un journaliste qui est intéressé par l'évolution du marché mondial de la chaussure. D'autre part, José Martinez, un jeune étudiant en sciences économiques qui fait un stage dans la société, lui pose quelques questions au sujet du choix des conditions de paiement dans le commerce international.

Manuel García, director de marketing
Esteban González, periodista

M.G. Acabo de leer con mucho interés su primera serie de artículos sobre las relaciones económicas de España.

E.G. Para la segunda parte de mi encuesta, me interesaría conocer cuál es la situación actual de la industria española del calzado y cuáles son sus perspectivas en materia de exportación.

M.G. Hace unos años, inmediatamente después de la devaluación, el calzado ocupaba el primer puesto entre las exportaciones nacionales. Ahora, existen otros países que tienen una mano de obra abundante y más barata que la nuestra. Por eso, a pesar de la mala calidad de los productos de nuestros competidores, nuestras exportaciones se han vuelto más difíciles. Sin embargo, dado el incremento constante de nuestra producción, necesitamos del mercado mundial. En consecuencia, para conservar a nuestra clientela y encontrar nuevas salidas, tenemos que distinguirnos por la calidad, el estilo y la seriedad de nuestros productos.

E.G. ¿ Cuál es el porcentaje de calzado español que se exporta ?

M.G. Un 40 % ; pero, para decirlo todo, el calzado exportado presenta notables diferencias con el que va destinado al consumo interior en lo tocante a la calidad y al diseño.

E.G. En este contexto, ¿ cómo se comporta su empresa ?

M.G. Quizás el haber elegido siempre la calidad en lugar de la venta a cualquier precio nos permite hoy, a pesar de la crisis mundial, conseguir mantener una cierta estabilidad de nuestras exportaciones. Tratamos también de diversificar cada día más nuestra red internacional de distribución.

E.G. ¿ Goza la industria española exportadora de calzado de algún trato especial por parte del Estado ?

M.G. Que yo sepa, no goza de ninguna ventaja.

E.G. ¿ Cuáles son las medidas que podría tomar el gobierno para fomentar las exportaciones ?

M.G. Medidas de dumping es decir subvenciones directas o indirectas a los exportadores : primas a la exportación, tarifas especiales de transporte, reducción de impuestos, reembolso de las cargas sociales, etc.

Manuel Garcia, directeur du marketing
Esteban Gonzalez, journaliste

M.G. Je viens de lire avec beaucoup d'intérêt votre première série d'articles sur les relations économiques de l'Espagne.

E.G. Pour la seconde partie de mon enquête, il m'intéresserait de savoir quelle est la situation actuelle de l'industrie espagnole de la chaussure et quelles sont ses perspectives en matière d'exportation.

M.G. Il y a quelques années, immédiatement après la dévaluation, la chaussure occupait le premier rang parmi les exportations nationales. Maintenant, il y a d'autres pays qui ont une main-d'œuvre abondante et meilleur marché que la nôtre. Pour cette raison, en dépit de la mauvaise qualité des produits de nos concurrents, nos exportations sont devenues plus difficiles. Cependant, étant donné l'accroissement constant de notre production, nous avons besoin du marché mondial. En conséquence, pour conserver notre clientèle et trouver de nouveaux débouchés, nous devons nous distinguer par la qualité, le style et le sérieux de nos produits.

E.G. Quel est le pourcentage de la chaussure espagnole qui est exporté ?

M.G. Environ 40% ; mais, pour tout dire, la chaussure exportée présente de notables différences avec celle qui est destinée à la consommation intérieure en ce qui concerne la qualité et la ligne (le dessin).

E.G. Comment se comporte votre entreprise dans ce contexte ?

M.G. Peut-être le fait d'avoir toujours choisi la qualité au lieu de la vente à n'importe quel prix nous permet-il aujourd'hui, en dépit de la crise mondiale, de réussir à maintenir une certaine stabilité dans nos exportations. Nous essayons aussi de diversifier de plus en plus notre réseau international de distribution.

E.G. L'industrie espagnole exportatrice de chaussures jouit-elle d'un quelconque traitement spécial de la part de l'État ?

M.G. Que je sache, elle ne bénéficie d'aucun avantage.

E.G. Quelles sont les mesures que pourrait prendre le gouvernement pour favoriser les exportations ?

M.G. Des mesures de dumping, c'est-à-dire des subventions directes ou indirectes aux exportateurs : primes à l'exportation, tarifs spéciaux de transport, réduction d'impôts, remboursement des charges sociales, etc.

José Martínez, estudiante en período de prácticas
Manuel García, director de marketing

J.M. ¿Cuál es su política con respecto a las condiciones de pago en el comercio internacional?

M.G. La elección de estas condiciones de pago depende de varios factores: la situación del mercado, la importancia de la venta, el tipo de artículos (bienes de equipo o de consumo) y sobre todo el grado de confianza que existe entre el vendedor y el comprador. Unos contactos continuos permiten llegar a una mayor consideración mútua y, en consecuencia, a condiciones de pago más flexibles. En cambio, cualquier inicio de relaciones mercantiles debería implicar una averiguación de la solvencia del importador. Además, hay que tener en cuenta las facilidades concedidas por la competencia. Cada vendedor debe acomodar sus exigencias de cobro a las empleadas por los demás exportadores.

J.M. ¿Cómo se hace en caso de crisis política o económica en el país importador?

M.G. Una carencia de divisas y una inestabilidad interna capaz de desencadenar conflictos políticos (revoluciones, guerras, etc.) o sociales (huelgas, motines, etc.) imponen condiciones de venta en las que estén garantizados los posibles riesgos. Se debe entonces recurrir a medios de pagos infalibles como, por ejemplo, el crédito documentario acompañado por la correspondiente cobertura mediante una póliza de seguros.

J.M. ¿Y en caso de crisis mundial?

M.G. Una situación de tensiones de ámbito mundial exigiría necesariamente mayores seguridades, no ya tan sólo en cuanto al cobro, sino también en cuanto a las demás relaciones vinculadas al tráfico de mercancías. Todos estos factores deberían ser cuidadosamente ponderados por las partes contratantes en el momento de decidir el medio de pago y el plazo. Evidentemente, tendrían que ir precedidos de un análisis de la situación financiera y comercial del comprador mediante una petición de informes a corresponsales extranjeros.

José Martinez, étudiant en période de stage
Manuel Garcia, directeur de marketing

J.M. Quelle est votre politique en ce qui concerne les conditions de paiement dans le commerce international ?

M.G. Le choix de ces conditions de paiement dépend de plusieurs facteurs : la situation du marché, l'importance de la vente, le type d'articles (biens d'équipement ou de consommation) et surtout le degré de confiance qui existe entre le vendeur et l'acheteur. Des contacts suivis permettent d'arriver à une plus grande estime mutuelle et, en conséquence, à des conditions de paiement plus souples. En revanche, tout début de relations commerciales devrait impliquer une vérification de la solvabilité de l'importateur. En outre, il faut tenir compte des facilités accordées par la concurrence. Chaque vendeur doit adapter ses exigences de recouvrement à celles qui sont utilisées par les autres exportateurs.

J.M. Comment fait-on en cas de crise politique ou économique dans le pays importateur ?

M.G. Une pénurie de devises et une instabilité interne capable de déclencher des conflits politiques (révolutions, guerres, etc.) ou sociaux (grèves, émeutes, etc.) imposent des conditions de vente dans lesquelles seront garantis les risques possibles. On doit alors recourir à des moyens de paiement infaillibes comme, par exemple, le crédit documentaire accompagné de la couverture correspondante par l'intermédiaire d'une police d'assurance.

J.M. Et en cas de crise mondiale ?

M.G. Une situation de tensions dans l'ensemble du monde exigerait nécessairement de plus grandes garanties, non plus seulement quant au recouvrement, mais aussi pour toutes les autres relations liées à la circulation des marchandises. Tous ces facteurs devraient être soigneusement examinés par les parties contractantes au moment de décider du moyen de paiement et du délai. Évidemment, il faudrait les faire précéder d'une analyse de la situation financière et commerciale de l'acheteur établie grâce à une demande de renseignements auprès de correspondants étrangers.

1. **Orden de pago simple :** es una transferencia de fondos que realiza el banco del importador, a instancia de éste, en favor del exportador y a través de su corresponsal en el país en que deba efectuarse el pago.

2. **Orden de pago contra entrega de documentos :** tiene características similares a la anterior pero, antes de efectuar el pago, el banco corresponsal del comprador comprueba que los documentos entregados por el vendedor acreditan la propiedad de la mercancía y corresponden a los indicados en la orden de pago.

3. **Remesa documentaria (orden de entrega de documentos) :** este medio es exactamente inverso al anterior. Es el vendedor quien entrega a su banco los documentos representativos de las mercancías ; éste, por intermedio de su corresponsal en el país de importación, tendrá que entregarlos al comprador contra pago del precio convenido.

4. **Cheque bancario :** suele ser el banco del comprador que, a petición de éste, extiende el cheque ; se lo entrega después para que lo envíe al vendedor. En España, no se pueden pagar importaciones con un cheque personal, sólo se admite tratándose de exportaciones.

5. **Crédito documentario :** este medio de pago es el más utilizado por la garantía de cobro que representa para el vendedor. Es un convenio según el cual el banco del comprador, con arreglo a las instrucciones y a petición de éste, efectuará un pago a la orden del vendedor o deberá aceptar las letras que libre dicho vendedor, contra entrega de los documentos representativos de la propiedad de las mercancías. Éstos, a su vez, sirven de garantía al banco que sólo los remitirá al comprador cuando éste satisfaga el importe de su deuda. En este caso, con relación a la remesa documentaria, los bancos desempeñan un papel esencial ya que garantizan al comprador la entrega de las mercancías, y al vendedor el cobro del importe de la transacción.

6. **Carta de crédito :** véase página 152. Este medio se utiliza sobre todo para pagar salarios a personas que trabajan en el extranjero o para entregar cantidades a hombres de negocios durante sus viajes.

7. **El giro postal internacional : la oficina de correos puede encargarse de remitir dinero a una persona o a una entidad ubicadas en el extranjero. El remitente rellena un formulario y entrega el dinero que quiere mandar. El destinatario recibe la cantidad correspondiente en su moneda nacional.**

1. *Ordre de paiement simple :* c'est un virement de fonds réalisé par la banque de l'importateur, à la requête de celui-ci, en faveur de l'exportateur et par l'intermédiaire de son correspondant dans le pays où devra s'effectuer le règlement.

2. *Ordre de paiement contre remise de documents :* il a des caractéristiques semblables au précédent mais, avant d'effectuer le paiement, la banque correspondante de l'acheteur vérifie que les documents remis par le vendeur accréditent la propriété de la marchandise et correspondent à ceux qui sont indiqués sur l'ordre de paiement.

3. *Remise documentaire (ordre de remise de documents) :* ce moyen est exactement l'inverse du précédent. C'est le vendeur qui fournit à sa banque les documents qui représentent les marchandises ; celle-ci, par l'intermédiaire de son correspondant dans le pays d'importation, devra les remettre à l'acheteur contre règlement du prix convenu.

4. *Chèque bancaire :* c'est généralement la banque de l'acheteur qui, à la demande de celui-ci, établit le chèque ; elle le lui remet ensuite pour qu'il l'envoie au vendeur. En Espagne, on ne peut pas payer des importations avec un chèque personnel, il n'est admis que lorsqu'il s'agit d'exportations.

5. *Crédit documentaire :* ce moyen de paiement est le plus utilisé en raison de la garantie de recouvrement qu'il représente pour le vendeur. C'est un accord d'après lequel la banque de l'acheteur, conformément aux instructions et à la demande de celui-ci, effectuera un règlement à l'ordre du vendeur ou devra accepter les traites que ledit vendeur tirera, contre remise des documents qui représentent la propriété des marchandises. Ceux-ci, à leur tour, servent de garantie à la banque qui ne les remettra à l'acheteur que lorsque celui-ci s'acquittera du montant de sa dette. Dans ce cas, par rapport à la remise documentaire, les banques jouent un rôle essentiel puisqu'elles garantissent à l'acheteur la livraison des marchandises et au vendeur le recouvrement du montant de la transaction.

6. *Lettre de crédit :* voir page 152. Ce moyen est surtout utilisé pour payer des salaires à des personnes qui travaillent à l'étranger ou pour remettre des sommes d'argent aux hommes d'affaires pendant leurs voyages.

7. *Le virement postal international :* le bureau de poste peut se charger de faire parvenir de l'argent à une personne ou à un organisme domiciliés à l'étranger. L'expéditeur remplit un formulaire et remet l'argent qu'il veut envoyer. Le destinataire reçoit la somme correspondante dans sa monnaie nationale.

1. On vient de nous octroyer une licence d'importation dont nous vous envoyons un exemplaire.
2. Notre banque se chargera d'effectuer le règlement aussitôt qu'on lui remettra les documents.
3. La suppression des contingents permettra un développement rapide des échanges.
4. Nous pourrons bénéficier d'une aide à l'exportation accordée par le gouvernement.
5. La facture pro forma est établie pour donner des informations au client ou aux services des douanes ou des changes.
6. La facture consulaire porte le visa du consul du pays destinataire et garantit la valeur et l'origine des marchandises.
7. Le certificat d'origine prouve l'origine de la fabrication des produits de renommée mondiale.
8. En cas de litige, les tribunaux de commerce internationaux sont habilités à résoudre les cas et à édicter des sanctions.
9. Le vendeur garantit à l'acheteur le matériel fourni contre tout défaut de fabrication.
10. Passé six mois, on n'admettra pas de réclamations ni de retours d'aucune sorte.
11. La propriété de la marchandise ne sera transmise à l'acheteur que lorsqu'il en aura acquitté la totalité du prix.
12. Le « factoring » international est une technique dont le but est d'assurer le recouvrement des dettes dans les pays étrangers.
13. On charge une agence spécialisée du recouvrement des sommes dues par l'acheteur étranger.
14. Du point de vue juridique, le « leasing » est « une location spéciale » avec option d'achat.
15. Le principal inconvénient présenté par les contrats internationaux de « leasing » est d'ordre fiscal.
16. Quand une nation importe plus qu'elle n'exporte, elle a une balance commerciale déficitaire.

1. Nos acaban de otorgar una licencia de importación de la cual le enviamos un ejemplar.
2. Nuestro banco se encargará de efectuar el pago tan pronto como se le entreguen los documentos.
3. La supresión de los cupos permitirá un desarrollo rápido de los intercambios.
4. Podremos beneficiar de una ayuda a la exportación concedida por el gobierno.
5. La factura proforma se extiende para dar informes al cliente o a los servicios de aduanas y de cambios.
6. La factura consular lleva el visado del cónsul del país destinatario y garantiza el valor y el origen de las mercancías.
7. El certificado de origen atestigua el origen de la fabricación de los productos de fama mundial.
8. En caso de litigios los tribunales de comercio internacionales están habilitados a resolver los casos y dictar sanciones.
9. El vendedor garantiza al comprador el material suministrado contra cualquier defecto de fabricación.
10. Transcurridos seis meses no se admitirán reclamaciones ni devoluciones de ningún tipo.
11. La propiedad de la mercancía no se transmitirá al comprador hasta que haya satisfecho la totalidad del precio.
12. El « factoring » internacional es una técnica cuyo objeto es asegurar el cobro de deudas en los países extranjeros.
13. Se encarga a una agencia espacializada el cobro de las cantidades adeudadas por el comprador extranjero.
14. El « leasing » es desde el punto de vista jurídico un « arrendamiento especial » con opción de compra.
15. El principal inconveniente presentado por los contratos internacionales de « leasing » es de tipo fiscal.
16. Cuando una nación importa más que exporta tiene una balanza comercial deficitaria.

el agregado comercial	l'attaché commercial
el alza de los precios	la hausse des prix
la amortización	l'amortissement
aplazar	ajourner, différer
el arbitraje	l'arbitrage
la asistencia técnica	l'assistance technique
la balanza comercial	la balance commerciale
barato	bon marché
una baza	un atout (fig.)
el bloqueo	le blocus
la barrera aduanera	la barrière douanière
carecer de eficacia	manquer d'efficacité
caro	cher
la carta de crédito	la lettre de crédit
el certificado de origen	le certificat d'origine
la cláusula	la clause
el cobro contra documentos	le recouvrement contre documents
la competencia	la concurrence, la compétence
la competición	la concurrence, la compétition
el competidor	le concurrent
competitivo	concurrentiel
sin compromiso	sans engagement
el concesionario	le concessionnaire
el contrato	le contrat
el convenio comercial	l'accord commercial
el corredor	le courtier
la cotización del dólar	le cours du dollar
(la fijación de) un cupo, un contingente o una cuota	le contingentement
el crédito documentario	le crédit documentaire
el derecho mercantil	le droit commercial
la desavenencia	le désaccord
la desgravación fiscal	le dégrèvement fiscal
la devolución	la restitution
el distribuidor	le distributeur
las divisas	les devises
la embajada	l'ambassade
el embargo	l'embargo, la saisie
encontrar salidas	trouver des débouchés
la escasez	la pénurie
estancar	stagner
la exclusividad	l'exclusivité

exento de tasas	exonéré de taxes
exportar	exporter
la fabricación bajo licencia	la fabrication sous licence
la filial	la filiale
la frontera	la frontière
la fuente de divisas	la source de devises
los gravámenes	les taxes, les charges
importar	importer
los impuestos	les impôts
el incumplimiento	la non-exécution
el índice de precios	l'indice des prix
la inspección técnica	l'inspection technique
el intervencionismo	l'interventionnisme
la legislación	la législation
el libre cambio	le libre-échange
la licencia de importación	la licence d'importation
la licitación	la licitation, vente aux enchères
las materias primas	les matières premières
la mejora	l'amélioration
el Mercado común europeo	le Marché commun européen
las mercancías contingentadas	les marchandises contingentées
la obligación contractual	l'obligation contractuelle
los productos alimenticios	les produits alimentaires
los productos manufacturados	les produits manufacturés
los productos semiacabados	les produits semi-finis
los productos semielaborados	les produits semi-usinés
el precio de sostenimiento	le prix de soutien
el primer plazo, la entrada	le premier versement
el proteccionismo	le protectionnisme
rechazar una reclamación	rejeter une réclamation
regatear	marchander
la reposición de las existencias	le renouvellement des stocks
resarcirse de una pérdida	se dédommager d'une perte
el ritmo de expansión	le rythme d'expansion
el sector punta	le secteur de pointe
la subvención	la subvention
la suspensión de pagos	la cessation de paiements, le règlement judiciaire
el superávit	l'excédent
la tarifa vigente	le tarif en vigueur
el tratado de comercio	le traité de commerce

IX

LOS TRANSPORTES INTERNACIONALES

LES TRANSPORTS INTERNATIONAUX

Guión

Manuel García sigue explicando los problemas del comercio internacional a José Martínez, el joven estudiante de ciencias económicas. Se interesan más particularmente por el transporte de las mercancías, el papel del agente de transportes y las convenciones « Incoterms ».

Scénario

Manuel Garcia continue à expliquer les problèmes du commerce international à José Martinez, le jeune étudiant en sciences économiques. Ils s'intéressent plus particulièrement au transport des marchandises, au rôle du transitaire et aux conventions « Incoterms ».

José Martínez, estudiante en período de prácticas
Manuel García, director de marketing

M.G. Tenemos que obrar con prudencia por lo que se refiere a la expedición de nuestros artículos. Se evitan muchos litigios cuando todo queda bien estipulado en el contrato.

J.M. ¿ Cuáles son los medios de transporte que utilizan ?

M.G. Para los países europeos, solemos elegir los transportes por carretera. El tren tiene el inconveniente de exigir trasbordos y manipulaciones numerosas y costosas mientras que el camión los reduce al mínimo. Sin embargo, el incremento y la diversificación de nuestras exportaciones nos plantean ahora demasiados problemas. Es preciso respetar legislaciones puntillosas, rellenar formularios complicadísimos, etc.

J.M. ¿ Necesitan, pues, de un especialista que se encargue de todas las cuestiones de transportes, de seguros y de aduanas ?

M.G. Sí, exactamente, porque en ciertos países las regulaciones se vuelven cada día más complejas. En Europa las cosas son bastante fáciles pero, cuando se exporta a América latina, se requieren muchas gestiones y un montón de formularios. Por eso, utilizamos casi siempre los servicios de un agente-comisionista de transportes y aduanas. Se hace cargo de la mercancía en cuanto sale de la fábrica. Lo hace prácticamente todo, salvo el embalaje : cumple con las formalidades administrativas o consulares, se ocupa de los seguros y de las operaciones aduaneras, cuida de la carga y de la descarga de las mercancías, procura que el transporte se realice en el plazo convenido, etc.

J.M. ¿ Se responsabiliza, pues, del despacho de aduanas y de todos los documentos ?

M.G. Sí, según los casos, conocimiento aéreo, conocimiento de embarque, carta de porte o resguardo, talón de ferrocarril. Además, cuando sólo tenemos pequeños pedidos para un país determinado, el agente de transportes los agrupa todos para hacer un envío global.

José Martinez, étudiant en stage
Manuel Garcia, directeur de marketing

M.G. Nous devons procéder avec prudence en ce qui concerne l'expédition de nos articles. On évite beaucoup de litiges quand tout est bien stipulé dans le contrat.

J.M. Quels sont les moyens de transport que vous utilisez ?

M.G. Pour les pays européens, nous choisissons généralement les transports routiers. Le train présente l'inconvénient d'exiger des transbordements et des manipulations nombreuses et coûteuses tandis que le camion les réduit au minimum. Cependant, l'accroissement et la diversification de nos exportations nous posent maintenant trop de problèmes. Il faut respecter des législations tatillonnes, remplir des formulaires très compliqués, etc.

J.M. Vous avez donc besoin d'un spécialiste qui se charge de toutes les questions de transports, d'assurances et de douanes ?

M.G. Oui, exactement, parce que dans certains pays les réglementations deviennent de plus en plus complexes. En Europe, les choses sont assez faciles mais, lorsque l'on exporte en Amérique latine, cela exige de nombreuses démarches et un tas de formulaires. Pour cette raison, nous utilisons presque toujours les services d'un commissionnaire-transitaire. Il prend la marchandise en charge dès qu'elle sort de l'usine. Il fait pratiquement tout, sauf l'emballage : il remplit les formalités administratives ou consulaires, s'occupe des assurances et des opérations douanières, veille au chargement et au déchargement des marchandises, fait en sorte que le transport s'effectue dans le délai convenu, etc.

J.M. Il assume donc la responsabilité du dédouanement et de tous les documents ?

M.G. Oui, selon les cas, connaissement aérien, connaissement maritime, lettre de voiture ou récépissé, bulletin d'expédition de chemin de fer. En outre, lorsque nous n'avons que de petites commandes pour un pays déterminé, le transitaire les regroupe toutes pour faire un envoi global.

José Martínez, estudiante en período de prácticas
Manuel García, director de marketing

M.G. En lo tocante a los transportes hacia el extranjero, solemos conformarnos con las convenciones internacionales para el cálculo del coste y de los riesgos.

J.M. ¿ Ud alude a los « Incoterms » ?

M.G. Sí, tanto desde un punto de vista estrictamente jurídico como de práctica comercial y aduanera, se deben conocer las reglas internacionales para la interpretación de los términos comerciales. Así, por ejemplo, es imprescindible que un exportador sepa lo que es un valor F.O.B. porque la legislación hace referencia a dicho valor para las desgravaciones fiscales o el crédito a la exportación.

J.M. ¿ Cómo se elige la cláusula más adecuada en los contratos internacionales ?

M.G. La utilización de uno u otro tipo de cláusula depende de una serie de factores que debemos sopesar antes de hacer una oferta al comprador extranjero. Éste, generalmente, prefiere que le demos un precio que incluya la mayor parte de los gastos previstos para transportar la mercancía hasta el punto de destino. Además, cabe pensar que el importador preferirá una cláusula que le comporte la asunción de los gastos lo más tarde posible. Todo esto puede presentar serios inconvenientes para el exportador, sobre todo si no dispone en el país del comprador de un corresponsal que conozca bien la legislación comercial y aduanera. Piense, por ejemplo, en el riesgo asumido por el que vende en condiciones « EX QUAY desduanado » y que tiene que soportar las incidencias resultantes del despacho de aduanas en el país de importación, tales como cambio de partida arancelaria e incremento de los derechos.

J.M. Sin embargo, no debe olvidarse que, debido a elementales principios de política comercial, muy a menudo conviene facilitar las cosas al comprador. Se debe, pues, aceptar cláusulas que supongan el mínimo de preocupaciones para él, aun a riesgo de asumir demasiadas obligaciones.

José Martinez, étudiant en stage
Manuel Garcia, directeur de marketing

M.G. En matière de transports vers l'étranger, nous nous conformons généralement aux conventions internationales pour en calculer le coût et les risques.

J.M. Vous faites allusion aux « Incoterms » ?

M.G. Oui; tant du point de vue strictement juridique que de celui de la pratique commerciale et douanière, on doit connaître les règles internationales pour l'interprétation des termes commerciaux. Ainsi, par exemple, il est indispensable qu'un exportateur sache ce qu'est une valeur F.O.B. parce que la législation y fait référence pour les dégrèvements fiscaux ou pour le crédit à l'exportation.

J.M. Comment choisit-on la clause la plus appropriée dans les contrats internationaux ?

M.G. L'utilisation de l'un ou l'autre type de clause dépend d'une série de facteurs que nous devons examiner avant de faire une offre à l'acheteur étranger. Celui-ci, généralement, préfère que nous lui donnions un prix qui inclue la plupart des frais prévus pour transporter la marchandise jusqu'au point de destination. De plus, il y a lieu de penser que l'importateur préférera une clause qui comporte une prise en charge des frais aussi tardive que possible. Tout cela peut présenter de sérieux inconvénients pour l'exportateur, surtout s'il ne dispose pas dans le pays de l'acheteur d'un correspondant qui connaisse bien la législation commerciale et douanière. Pensez, par exemple, au risque assumé par celui qui vend dans les conditions « à quai, dédouané » et qui doit supporter les incidences du dédouanement dans le pays d'importation, tels que changement de poste tarifaire et augmentation des droits.

J.M. Cependant, on ne doit pas oublier qu'en raison de principes élémentaires de politique commerciale, il convient très souvent de faciliter les choses à l'acheteur. On doit donc accepter des clauses qui supposeront le minimum de préoccupations pour lui, même au risque d'assumer trop d'obligations.

I. **Cláusula « EX WORKS » o « franco fábrica »**: el vendedor entrega la mercancía al comprador en el lugar de su establecimiento destinado a esta operación y se desentiende por completo de todos los gastos y de los riesgos del transporte.

II. **Cláusulas del transporte marítimo**

« F.A.S. (libre al costado del buque) puerto de embarque convenido »: la mercancía debe ser entregada en el muelle, « al costado del buque », transmitiéndose desde ese momento al comprador los gastos y riesgos de la operación.

« F.O.B. (franco a bordo) puerto de embarque convenido »: el vendedor cumple con su obligación una vez haya situado la mercancía a bordo, no siendo por tanto de su incumbencia el contrato de transporte ni el seguro.

« C. & F. (coste y flete) puerto de destino convenido »: el vendedor no debe limitarse a situar las mercancías a bordo, sino que le incumbe también concertar un contrato para el transporte de las mismas hasta el puerto de destino convenido, pagando el flete, sin que ello le comporte asumir más riesgos que los que soportaría utilizando la cláusula F.O.B.

« C.I.F. (coste, seguro y flete) puerto de destino convenido »: el vendedor no sólo tiene que pagar el flete sino también el seguro de las mercancías. El comprador se hace propietario de las mismas desde el momento del embarque y los riesgos corren entonces a su cargo. Cuando a los términos « C. & F. » et « C.I.F. » se añade la palabra « landed (desembarcado) », se quiere indicar que el vendedor tiene que pagar también los gastos de descarga.

« EX SHIP (sobre buque en destino) puerto de destino convenido »: correrán a cargo del vendedor todos los gastos y riesgos de la operación hasta el momento en que haya llegado el buque al puerto de destino. El comprador tendrá que proceder a la descarga y asumir la responsabilidad de la operación.

« EX QUAY (sobre muelle en destino) puerto de destino convenido: esta cláusula es muy similar a la anterior pero el vendedor tiene que situar la mercancía sobre el muelle del puerto de destino y se responsabiliza de la operación de descarga. La cámara de comercio internacional ha recomendado que se complete la cláusula « EX QUAY » por las indicaciones « despachada de aduana » (desduanada) o « no despachada de aduana » (sin desduanar).

I. *Clause « EX WORKS » ou « franco usine » :* le vendeur remet la marchandise à l'acheteur à l'endroit prévu dans son établissement pour cette opération et ne s'occupe pas du tout des frais et des risques du transport.

II. *Clauses du transport maritime*

« F.A.S. (franco le long du navire) port d'embarquement convenu » : la marchandise doit être livrée sur le quai, « le long du navire », les frais et les risques de l'opération étant transmis à l'acheteur à partir de ce moment-là.

« F.O.B. (franco à bord) port d'embarquement convenu » : le vendeur s'est acquitté de son obligation une fois la marchandise chargée à bord ; le contrat de transport et l'assurance ne sont donc pas de son ressort.

« C. & F. (coût et fret) port de destination convenu » : le vendeur ne doit pas se limiter à charger les marchandises à bord, il lui incombe encore de conclure un contrat pour leur transport jusqu'au port de destination convenu et de payer le fret, mais sans avoir à assumer plus de risques que ceux qu'il supporterait en utilisant la clause F.O.B.

« C.I.F. (coût, assurance et fret) port de destination convenu » : le vendeur ne doit pas seulement payer le fret mais aussi l'assurance des marchandises. L'acheteur en devient propriétaire dès l'embarquement et les risques sont alors à sa charge. Quand aux termes « C. & F. » et « C.I.F. » est ajouté le mot « landed (débarqué) », on veut indiquer que le vendeur doit également payer les frais de déchargement.

« EX SHIP (sur navire arrivé à destination) port de destination convenu » : tous les frais et les risques de l'opération, jusqu'au moment où le bateau arrive à destination, seront à la charge du vendeur. L'acheteur devra procéder au déchargement et assumer la responsabilité de l'opération.

« EX QUAY (à quai) port de destination convenu » : cette clause est très semblable à la précédente, mais le vendeur doit décharger la marchandise sur le quai du port de destination et il a la responsabilité de cette opération. La chambre de commerce internationale a recommandé que la clause « EX QUAY » soit complétée par les indications « dédouané » ou « non dédouané ».

III. Cláusulas del transporte terrestre

« F.O.R. franco vagón » o « F.O.T. franco camión » : pueden considerarse como variantes del término « F.O.B. » El vendedor tiene que cargar las mercancías en el vagón de ferrocarril o en el camión y, a partir de ese momento, todos los gastos y riesgos correrán a cargo del comprador.

« Franco frontera » : se fija un precio « franco sobre vagón o camión en la frontera » y el vendedor tiene que expedir las mercancías hasta el puesto fronterizo indicado. Se recomienda estipular el lugar exacto en que deba efectuarse la entrega, país de origen o país de destino, para evitar discusiones que podrían surgir a raíz de los despachos de exportación o importación.

« Flete o porte pagado hasta... » : todos los gastos y riesgos corren a cargo del vendedor hasta la entrega de las mercancías en el lugar designado por el comprador.

IV. Cláusula del transporte aéreo

« F.O.B. Aeropuerto » : la entrega debe hacerse, en la fecha prevista, en el aeropuerto de embarque convenido y según las normas habituales de dicho aeropuerto. Este término se asemeja más a la cláusula « F.A.S. » que a « F.O.B. » al no comportar la obligación de situar la mercancía « a bordo », por ser esta operación competencia de la compañia aérea.

Nota : Se recomienda referirse siempre a los « Incoterms » y no a las definiciones americanas (American Foreign Trade Definitions) o exigir en el contrato una cláusula equivalente a los « Incoterms ».

V. « Franco transportista » y « flete y porte pagado, seguros incluidos, hasta... »

Estas cláusulas se publicaron por primera vez en 1980 y la cláusula « **flete y porte pagado hasta...** » quedó modificada en la misma fecha. Estos incoterms se adaptan a todos los modos de transporte y a todas las tecnologías (contenedores y semirremolques por ejemplo) y, a largo plazo, podrían imponerse en la mayoría de los casos.

En estas tres cláusulas, la transferencia de los riesgos entre el vendedor y el comprador, el llamado punto crítico, se efectúa al entregar la mercancía al transportista principal. Para evitar cualquier equívoco es imprescindible especificar dicho punto crítico en el contrato. Sin embargo, la elección del transportista es diferente según los términos : en el « franco transportista » corresponde al comprador, y al vendedor en las otras dos cláusulas.

III. *Clauses du transport terrestre*

« F.O.R. franco wagon » ou « F.O.T. franco camion » : elles peuvent être considérées comme des variantes du terme « F.O.B. ». Le vendeur doit charger les marchandises sur le wagon de chemin de fer ou sur le camion et, à partir de ce moment-là, tous les frais et risques seront à la charge de l'acheteur.

« Franco frontière » : il est fixé un prix « franco sur wagon ou sur camion à la frontière » et le vendeur doit expédier les marchandises jusqu'au poste frontière indiqué. Il est recommandé de stipuler le lieu exact où devra s'effectuer la livraison, pays d'origine ou pays de destination, pour éviter les discussions qui pourraient surgir à la suite des opérations de dédouanement à l'exportation et à l'importation.

« Fret ou port payé jusqu'à... » : tous les frais et risques sont à la charge du vendeur jusqu'à la livraison des marchandises à l'endroit indiqué par l'acheteur.

IV. *Clause du transport aérien*

« F.O.B. aéroport » : la livraison devra être effectuée, à la date prévue, à l'aéroport convenu et conformément aux normes habituelles de celui-ci. Ce terme ressemble davantage à la clause F.A.S. qu'à F.O.B. puisqu'il ne comporte pas l'obligation de charger la marchandise « à bord », cette opération étant de la compétence de la compagnie aérienne.

Note : il est recommandé de toujours se référer aux « Incoterms » et non aux définitions américaines (American Foreign Trade Definitions) ou d'exiger dans le contrat une clause équivalente aux « Incoterms ».

V. *« Franco transporteur » et « fret et port payé, assurances comprises, jusqu'à... »*

Ces clauses ont été publiées pour la première fois en 1980 et la clause *« fret et port payé jusqu'à... »* a été modifiée à la même date. Ces incoterms s'adaptent à tous les modes de transport et à toutes les technologies (conteneurs et semi-remorques par exemple) et, à long terme, pourraient s'imposer dans la plupart des cas.

Dans ces trois clauses, le transfert des risques entre le vendeur et l'acheteur, que l'on appelle le point critique, s'effectue au moment de la remise de la marchandise au transporteur principal. Pour éviter toute équivoque il est indispensable de spécifier ce point critique sur le contrat. Cependant, le choix du transporteur est différent selon les termes : dans le « franco transporteur » il revient à l'acheteur, et au vendeur dans les deux autres clauses.

1. Le connaissement témoigne que les marchandises ont été chargées à bord du navire.
2. C'est un titre de propriété des marchandises qui peut être transmis par endossement.
3. Si l'on affrète la totalité du navire, ce document s'appelle charte partie.
4. L'affréteur charge généralement un courtier maritime des conditions d'affrètement du navire.
5. Le consignataire est un intermédiaire qui prend en charge la réception des marchandises.
6. Selon les cas, le contrat de transport terrestre s'appelle : lettre de voiture, récépissé ou bulletin d'expédition par chemin de fer.
7. Une déclaration en douane doit accompagner les marchandises qui entrent et sortent d'un pays.
8. Les droits de douane « ad valorem » sont calculés sur la valeur des marchandises.
9. Les droits de douane spécifiques sont imposés sous forme d'un pourcentage quantitatif.
10. Les camions transportant des marchandises en transit doivent porter le plomb de la douane.
11. Notre transitaire se charge de l'expédition et de toutes les formalités douanières.
12. Ces paquets resteront dans les entrepôts de la douane tant que les taxes n'auront pas été payées.
13. Ces produits demandent une licence d'importation et les contingents octroyés sont très faibles.
14. Le vendeur peut, à ses risques et périls, utiliser ses propres moyens de transport.
15. Il doit fournir, à ses frais, l'emballage approprié.
16. En raison de la nature du chargement, la compagnie d'assurances a augmenté la prime.
17. En raison de la nature des dégâts, il ne fait pas de doute que le transporteur est responsable.

1. El conocimiento de embarque atestigua que se han cargado las mercancías a bordo del buque.
2. Es un título de propiedad de las mercancías que puede ser transmitido por endoso.
3. Si se fleta la totalidad del buque, este documento se llama una carta partida.
4. El fletador suele encargar a un corredor marítimo las condiciones de fletamento del buque.
5. El consignatario es el intermediario que se hace cargo de la recepción de las mercancías.
6. Según los casos, se llama al contrato de transporte terrestre : carta de porte, resguardo o talón de ferrocarril.
7. Una declaración de aduana debe acompañar las mercancías que entran y salen de un país.
8. Los derechos arancelarios « ad valorem » se calculan sobre el valor de las mercancías.
9. Los aranceles específicos se imponen bajo forma de un porcentaje cuantitativo.
10. Los camiones transportando mercancías en tránsito tienen que llevar el marchamo de aduana.
11. Nuestro agente de aduanas se encarga de la expedición y de todos los trámites aduaneros.
12. Quedarán estos paquetes en los almacenes generales de aduana mientras no se paguen las tasas.
13. Estos productos necesitan una licencia de importación, y los cupos otorgados son muy reducidos.
14. El vendedor puede, por su cuenta y riesgo, emplear sus propios medios de transporte.
15. Tiene que proporcionar, por su cuenta, el embalaje adecuado.
16. Debido a la naturaleza del cargamento, la compañía de seguros incrementó la prima.
17. Dada la índole de los daños, no cabe duda de que el transportista es responsable.

abonar los derechos	payer les droits
el acuse de recibo	l'accusé de réception
la admisión temporal	l'admission temporaire
la aduana	la douane
el almacén general de depósito	le magasin général de douane, l'entrepôt
aplazar	différer, ajourner
los aranceles	les droits de douane
asumir	assumer
autentificar, autentizar	authentifier
las autoridades portuarias	les autorités portuaires
el barril, el tonel, la barrica	le baril, le tonneau, la barrique
el bulto	le colis, le paquet
el buque	le bateau
el buque mercante	le navire marchand
la cabida	la contenance
la caja	la caisse
el camión marchamado	le camion plombé
la carga	le chargement (l'action)
el cargamento	le chargement (cargaison)
cargar	charger
la carta partida	la charte partie
la carta de porte	la lettre de voiture
el casco metálico	le fût métallique
comprobar	vérifier, constater
el conocimiento de embarque	le connaissement
el consignatario	le consignataire
el contenedor	le conteneur
contratar	passer un contrat avec, engager
la chalana, la gabarra	la péniche
los daños y perjuicios	les dommages et intérêts
la declaración de aduana	la déclaration en douane
la demora	le retard, le délai
los derechos arancelarios	les droits de douane
la descarga	le déchargement
despachar de aduana	dédouaner
el destinatario	le destinataire
el domicilio	le domicile
el embalaje, el envase	l'emballage
embalar, envasar	emballer
embargar	saisir
el embargo	l'embargo, la saisie

esmerado	soigné
la estación	la gare
estropeado, averiado	abîmé, avarié
la facturación (ferrocarril)	l'enregistrement (chemin de fer)
el fletador	l'affréteur
el fletante	le fréteur
fletar	affréter ou fréter
el flete	le fret
franco de porte	franco de port
la franquicia aduanera	la franchise douanière
el franqueo	l'affranchissement
hacerse cargo de	prendre en charge
llevar un registro	tenir un registre
mandar mercancías	envoyer des marchandises
el mandatario	le mandataire
la manutención	la manutention
el marchamo	le plomb (de douane)
los mediadores	les intermédiaires
las medidas de sanidad	les mesures sanitaires
el muelle	le quai (dans un port)
la navegación	la navigation
las normas	les normes
la partida arancelaria	le poste tarifaire
perecedero	périssable
la póliza de seguros	la police d'assurance
porte debido	port dû
porte pagado	port payé
precintar	sceller, plomber
prorrogar	proroger
el registro	la fouille (à la douane)
relevar de una obligación	relever d'une obligation
el remitente	l'expéditeur
la retirada de un bulto	le retrait d'un colis
el saco	le sac
sufragar los gastos	supporter les frais
sufragar un proyecto	financer un projet
la tara (peso)	la tare (poids)
la tasa aduanera	la taxe
los trámites	les démarches, les formalités
el tránsito	le transit
el transportista	le transporteur
trasladar	transférer, déplacer
el vagón	le wagon

X

CONSEJOS DE ADMINISTRACIÓN, JUNTAS, TIPOS DE SOCIEDADES

CONSEILS D'ADMINISTRATION, ASSEMBLÉES, TYPES DE SOCIÉTÉS

A. Situaciones

- A 1. Convocatoria
- A 2. Extractos del discurso del Presidente
- A 3. Ampliación de capital

B. Documentación

- B 1. Diferentes sociedades
- B 2. Fichero de frases
- B 3. Fichero de vocabulario

Guión

Los responsables de Pielujo están preparando la junta general ordinaria de los accionistas. Como siempre, la organización material de la junta es dificil. Por otra parte, hay que afinar los argumentos que convenzan a los accionistas de la absoluta necesidad de una ampliación de capital para reactivar los negocios.

Scénario

Les responsables de Pielujo sont en train de préparer l'assemblée générale ordinaire des actionnaires. Comme toujours, l'organisation matérielle de l'assemblée est difficile. Par ailleurs, il faut affiner les arguments qui convaincront les actionnaires de l'absolue nécessité d'une augmentation du capital pour relancer les affaires.

El consejo de administración de Pielujo S.A., convoca a sus accionistas a junta general ordinaria, que tendrá lugar en el salón azul del hotel Princesa, de Madrid, en primera convocatoria, el miércoles 18 de junio de 200..., a las 17, y en segunda convocatoria, el jueves 19 de junio de 200..., a la misma hora, en el supuesto de que no pueda celebrarse la primera por no alcanzarse el porcentaje de concurrentes requerido legalmente.

La sociedad ruega a sus accionistas que acudan directamente a la segunda convocatoria, que tendrá lugar el jueves 19 de junio de 200..., a las 17, pues es previsible que la junta no pueda reunirse en primera convocatoria, dado el importante número de accionistas de la sociedad.

El objeto de la junta es someter a la consideración de los accionistas los siguientes temas :

primero : aprobación de la memoria, el balance, la cuenta de pérdidas y ganancias y la gestión social relativos al ejercicio del año pasado.

segundo : afectación de los resultados, según lo dispuesto en el artículo 5° del decreto 2246/1974.

tercero : designación de los censores de cuentas para el ejercicio en curso.

cuarto : nombramiento de interventores para la aprobación del acta de la reunión.

Podrán asistir a la junta general los titulares de acciones inscritas en el libro de accionistas con cinco días de antelación a aquel en que haya de celebrarse la junta en primera convocatoria. Todo accionista podrá hacerse representar en la junta general por otro accionista a reserva de las modalidades requeridas por la legislación vigente.

La sociedad remitirá a los accionistas la correspondiente convocatoria, mediante la cual éstos podrán delegar su representación o solicitar la ficha de asistencia que les será remitida oportunamente. En caso de extravío de la ficha de asistencia, el accionista podrá solicitar un duplicado en las oficinas centrales, sitas en calle Antonio Sancha, 10.

Los señores accionistas tendrán a su disposición la información que hace preceptiva la ley.

Le conseil d'administration de Pielujo S.A. convoque ses actionnaires à l'assemblée ordinaire, qui aura lieu dans le salon bleu de l'hôtel *Princesse,* de Madrid, en première convocation, le mercredi 18 juin 200..., à 17 heures, et en deuxième convocation, le jeudi 19 juin 200..., à la même heure, au cas où la première ne pourrait pas être tenue parce que le pourcentage de participants légalement requis ne serait pas atteint.

La société prie ses actionnaires de se présenter directement à la seconde convocation d'assemblée qui aura lieu le jeudi 19 juin 200..., à 17 heures, car il est prévisible que l'assemblée ne pourra pas se réunir en première convocation, étant donné le nombre important d'actionnaires de la société.

L'objet de l'assemblée est de soumettre à l'examen des actionnaires les points suivants :

premièrement : approbation du rapport, du bilan, du compte des pertes et profits et de la gestion sociale concernant l'exercice de l'année passée.

deuxièmement : affectation des résultats, selon les dispositions de l'article 5 du décret 2246/1974.

troisièmement : désignation des commissaires aux comptes pour l'exercice en cours.

quatrièmement : nomination de contrôleurs pour l'approbation du procès-verbal de la réunion.

Pourront assister à l'assemblée générale les titulaires d'actions inscrites sur le livre des actionnaires cinq jours avant le jour où doit se tenir l'assemblée en première convocation. Tout actionnaire pourra se faire représenter à l'assemblée générale par un autre actionnaire, sous réserve des modalités requises par les lois en vigueur.

La société enverra aux actionnaires la convocation correspondante, grâce à laquelle ceux-ci pourront déléguer leur représentation ou demander le jeton de présence qui leur sera envoyé en temps opportun. En cas de perte du jeton de présence, l'actionnaire pourra demander un duplicata aux bureaux centraux, situés 10, rue Antonio-Sancha.

Messieurs les actionnaires auront à leur disposition l'information que la loi rend obligatoire.

– En un contexto económico internacional difícil, la política económica española necesita más que nunca promocionar las exportaciones.
– Frente a los que propugnan medidas nacionalizadoras, queremos reafirmar nuestra fe en el modelo de economía de mercado basada en la libertad y en la lícita competencia.
– Dada la evolución del mercado, los beneficios obtenidos pueden considerarse como satisfactorios.
– Se imponía la necesidad de hallar nuevas salidas sin dejar de proponer artículos de alta calidad a precios competitivos. A este efecto se aprobó el plan de reactivación con la creación de nuevos productos.
– Las operaciones financieras previstas para el ejercicio en curso son esencialmente :
• una emisión de obligaciones por un importe de 10 millones de euros, ya realizada en el mes de enero y cubierta en su totalidad ;
• una ampliación de capital de 5 millones de euros a realizar en los meses de junio/julio.

X A 3 **Ampliación de capital**

El consejo de administración, en ejecución de las medidas adoptadas por la junta, ha acordado ampliar el capital social en 10 millones de euros, mediante la emisión de 200 000 acciones nominativas de un valor nominal de 50 euros cada una. Los títulos se emitirán a la par, siendo de cuenta del suscriptor los gastos e impuestos que conlleve la emisión.
El plazo para que los señores accionistas puedan ejercitar su derecho de preferencia será el comprendido entre los días 25 de junio y 25 de julio del presente año.
El consejo de administración podrá disponer libremente de las acciones que no sean suscritas por los accionistas en ejercicio de su derecho preferente.
Las nuevas acciones tendrán iguales características y derechos que las actualmente en circulación y participarán en los beneficios sociales con efectos a partir del día 1° de agosto de este año.

– Dans un contexte économique international difficile, la politique économique espagnole a besoin plus que jamais de promouvoir les exportations.
– Face à ceux qui luttent en faveur de mesures de nationalisation, nous voulons réaffirmer notre foi dans le modèle de l'économie de marché fondée sur la liberté et sur la juste concurrence.
– Étant donné l'évolution du marché, les bénéfices obtenus peuvent être considérés comme satisfaisants.
– La nécessité de trouver de nouveaux débouchés tout en proposant des articles de haute qualité à des prix compétitifs s'imposait. C'est dans ce but qu'a été approuvé le plan de relance avec la création de nouveaux produits.
– Les opérations financières prévues pour l'exercice en cours sont essentiellement :
• une émission d'obligations pour un montant de 10 millions d'euros, déjà réalisée au cours du mois de janvier et couverte dans sa totalité ;
• une augmentation de capital de 5 millions d'euros à réaliser au cours des mois de juin/juillet.

X A 3 **Augmentation de capital**

Le conseil d'administration, en exécution des mesures adoptées par l'assemblée, a décidé d'augmenter le capital social de 10 millions d'euros, grâce à l'émission de 200 000 actions nominatives d une valeur nominale de 50 euros chacune. Les titres seront émis au pair, restant à la charge du souscripteur les frais et les impôts qu'entraînera l'émission.
Le délai pour que messieurs les actionnaires puissent exercer leur droit de préférence sera celui compris entre le 25 juin et le 25 juillet de la présente année.
Le conseil d'administration pourra disposer librement des actions qui ne seront pas souscrites par les actionnaires dans l'exercice de leur droit préférentiel.
Les nouvelles actions auront des caractéristiques et des droits égaux à celles actuellement en circulation et participeront aux bénéfices sociaux avec effet à partir du 1er août de cette année.

El derecho español distingue esencialmente cuatro tipos de sociedades, dos entre las sociedades de personas y otras dos entre las sociedades de capitales.

Sociedades de personas

La sociedad regular colectiva : todos los socios, en nombre colectivo y bajo una razón social, comparten los mismos derechos y obligaciones. Los beneficios, o las pérdidas si las hay, se reparten a proporción de la aportación financiera de cada socio.

La sociedad comanditaria : se compone de comanditarios y de socios colectivos. Los primeros aportan capitales al fondo común, pero no son considerados como comerciantes. Su responsabilidad se limita a su aportación financiera. Los segundos son comerciantes y responsables de la marcha de los negocios y de las deudas sociales con todos sus bienes.

Tales sociedades van desapareciendo porque los socios respondiendo personal y solidariamente de las deudas sociales corren riesgos demasiado grandes.

Sociedades de capitales

La sociedad de responsabilidad limitada (S.L.) : los socios, que no pueden ser más de cincuenta, participan en el capital social mediante la compra de participaciones sociales. No son acciones y, por consiguiente, no se cotizan en bolsa. Las participaciones de un socio no pueden cederse sin el consentimiento de los demás. Los socios que tienen una responsabilidad limitada a sus cuotas sociales participan a la gestión de la sociedad a través de una junta general anual convocada por administradores designados en los estatutos o nombrados por los socios. El capital de una S.L. no puede rebasar 5 millones.

La sociedad anónima (S.A.) : los títulos que representan el capital social se llaman acciones y se cotizan. Se transmiten sin trámite alguno. La responsabilidad de los accionistas se limita a su aportación. No existe límite superior o inferior al capital de una S.A. Cuando se constituye la S.A., han de ser al menos tres los socios fundadores. Una vez al año, durante el primer semestre, se celebra la junta general. Los accionistas confían el manejo de la sociedad a administradores que constituyen el consejo de administración y de la gestión de la sociedad es responsable el director general.

Le droit espagnol distingue essentiellement quatre types de sociétés, deux parmi les sociétés de personnes et deux autres parmi les sociétés de capitaux.

Sociétés de personnes

La société en nom collectif : tous les associés, en nom collectif et sous une raison sociale, partagent les mêmes droits et obligations. Les bénéfices, ou les pertes s'il y en a, sont partagés selon l'apport financier de chaque associé.

La société en commandite : elle se compose de commanditaires et de commandités. Les premiers apportent des capitaux au fonds commun, mais ils ne sont pas considérés comme des commerçants. Leur responsabilité est limitée à leur apport financier. Les seconds sont commerçants et responsables de la marche des affaires et des dettes sociales sur tous leurs biens.

De telles sociétés disparaissent peu à peu parce que les associés en répondant personnellement et solidairement des dettes sociales courent des risques trop grands.

Sociétés de capitaux

La société à responsabilité limitée (S.A.R.L.) : les associés, qui ne peuvent pas être plus de cinquante, participent au capital social par l'achat de parts sociales. Ce ne sont pas des actions et, par conséquent, elles ne sont pas cotées en bourse. Les parts d'un associé ne peuvent pas être cédées sans le consentement de tous les autres. Les associés qui ont une responsabilité limitée à leurs quotes-parts sociales participent à la gestion de la société par l'intermédiaire d'une assemblée générale annuelle convoquée par des administrateurs désignés dans les statuts ou nommés par les associés. Le capital d'une S.A.R.L. ne peut pas dépasser 5 millions.

La société anonyme (S.A.) : les titres qui représentent le capital social s'appellent actions et sont cotés en bourse. Ils se transmettent sans aucune formalité. La responsabilité des actionnaires est limitée à leur apport. Il n'existe pas de limite supérieure ou inférieure au capital d'une S.A. Quand est constituée une S.A., les associés fondateurs doivent être trois au moins. Une fois par an, pendant le premier semestre, se tient l'assemblée générale. Les actionnaires confient la conduite de la société à des administrateurs qui constituent le conseil d'administration et le directeur général est responsable de la gestion de la société.

1. Voici les points les plus importants du discours du président...
2. Le redressement commencé il y a six mois se confirme.
3. Sans bénéfices, il ne peut y avoir d'investissement et il ne peut être créé de nouveaux emplois.
4. On réélut les cinq conseillers dont c'était le tour de se retirer.
5. On projette de répartir pendant le dernier trimestre un dividende de 6 %.
6. Le recouvrement du dividende pourra s'effectuer dans les succursales de la Banque de crédit espagnol.
7. Il sera remis à la fin de la réunion un exemplaire du rapport à tous ceux qui le demanderont.
8. Ce point devra être mis à l'ordre du jour de la prochaine assemblée.
9. A ceux qui ne pourront pas assister à l'assemblée, il est demandé de donner un mandat de représentation.
10. En achetant une action d'une société anonyme, l'actionnaire achète :
11. le droit à la participation aux bénéfices sous la forme de dividendes ;
12. le droit à l'acquisition de nouvelles actions dans le cas d'une augmentation de capital.
13. On essaiera de mettre l'exportateur espagnol à égalité de conditions par rapport à ses concurrents étrangers.
14. Il est demandé à messieurs les actionnaires de se présenter suffisamment à l'avance pour que les opérations de décompte des présences et des actions puissent se réaliser sans que soit retardé le commencement de l'assemblée.
15. L'acte de constitution d'une société indique la raison sociale, les objectifs de la socitété, l'adresse de son siège, le montant du capital social.
16. Les actionnaires qui le désireront pourront retirer le rapport correspondant à l'exercice antérieur dans les bureaux de la Compagnie.
17. Le bénéfice net de l'exercice a atteint 500 000 euros.

1. Estos son los extremos más importantes del discurso del presidente...
2. Se confirma la recuperación iniciada desde hace seis meses.
3. Sin beneficios, no puede haber inversión ni crearse nuevos puestos de trabajo.
4. Se reeligieron los cinco consejeros a los que correspondía cesar.
5. Se proyecta repartir en el último trimestre un dividendo del 6 %.
6. El cobro del dividendo podrá efectuarse en las sucursales del Banco de crédito español.
7. Se entregará a finales del acto un ejemplar de la memoria a cuantos lo pidan.
8. Este punto habrá de insertarse en el orden del día de la próxima junta.
9. A los que no puedan asistir a la junta, se les ruega que otorguen su representación.
10. Al comprar una acción de una sociedad anónima, el accionista compra :
11. el derecho a la participación en los beneficios bajo la forma de dividendos ;
12. el derecho a la adquisición de nuevas acciones en caso de ampliación de capital.
13. Se intentará poner al exportador español en igualdad de condiciones con sus competidores extranjeros.
14. Se ruega a los señores accionistas que acudan con la suficiente antelación a fin de que las operaciones de cómputo de asistencias y de acciones puedan efectuarse sin que se retrase el comienzo de la junta.
15. La escritura de constitución de una sociedad indica la razón social, el objeto social, la dirección de su sede, el importe del capital social.
16. Los accionistas que lo deseen podrán retirar la Memoria correspondiente al ejercicio anterior en las oficinas de la Compañía.
17. El beneficio neto del ejercicio ascendió a 500 000 de euros.

abrir la sesión	ouvrir la séance
la acción a la par	l'action au pair
la acción al portador	l'action au porteur
la acción nominativa	l'action nominative
la acción preferente	l'action de préférence
el accionista	l'actionnaire
el acreedor	le créancier
el acta	le compte rendu, le procès-verbal
las actas taquigráficas	compte rendu in extenso
el administrador	l'administrateur
amortización	amortissement
amortizar	amortir
aportación financiera	apport financier
aprobar el orden del día	adopter l'ordre du jour
el asesor jurídico	le conseiller juridique
el aumento de capital	l'augmentation de capital
el balance	le bilan
el balance de comprobación	la balance
la balanza de pagos	la balance des paiements
los beneficios	les bénéfices
el capital disponible	le capital disponible
el capital inmovilizado	le capital immobilisé
el capital social	le capital social
la carga financiera	la charge financière
censor de cuentas	commissaire aux comptes
censura de cuentas	révision comptable
el cierre de ejercicio	clôture, arrêté des comptes
el comanditado	le commandité
el comanditario	le commanditaire
consejo de administración	conseil d'administration
convocar a junta	convoquer l'assemblée
cotizarse	être coté (en bourse)
cuenta de pérdidas y ganancias	compte de pertes et profits
dar poder	donner procuration
el déficit	le déficit
la deliberación	la délibération
el director general	le directeur général
disolver	dissoudre
el dividendo	le dividende
el domicilio social	le domicile social
el ejercicio	l'exercice
la escritura fundacional	l'acte constitutif
los estatutos	les statuts
el fiador	le garant

fijar el orden del día	dresser l'ordre du jour
fusión de sociedades	fusion de sociétés
los infrascritos	les soussignés
interventor de cuentas	commissaire aux comptes
levantar acta	rédiger un procès-verbal
levantar la sesión	lever la séance
se levanta la sesión	la séance est levée
la memoria	le rapport, le compte rendu
la memoria de actividades	le rapport d'activités
la obligación	l'obligation
el obligacionista	l'obligataire
la oferta pública de compra (o de adquisición)	l'offre publique d'achat (O.P.A.)
el perito en contabilidad	l'expert-comptable
el perjuicio	le préjudice
la persona física	la personne physique
la persona jurídica	la personne morale
el préstamo	le prêt, l'emprunt
la procuración	la procuration
a proporción de	à concurrence de
la quiebra	la faillite
la razón social	la raison sociale
la reactivación	la relance
la recuperación	la redressement
los recursos ajenos	les ressources extérieures
los recursos propios	les ressources propres
le reducción del capital	le réduction du capital
el reembolso	le remboursement
el registro mercantil	le registre du commerce
la sede social	le siège social
la sociedad anónima (S.A.)	la société anonyme (S.A.)
la sociedad comanditaria o en comandita	la société en commandite
la sociedad de responsabilidad limitada (S.L.)	la société à responsabilité limitée (S.A.R.L.)
la sociedad matriz	la société mère
la sociedad regular colectiva	la société en nom collectif
el socio	l'associé
el socio colectivo	le commandité
la sucursal	la succursale
la suspensión de pagos	la cessation de paiements
el tema	le point, la question
el temario	le programme, l'ordre du jour
el título de fundación	le titre de fondation

X[bis]

RÉVISIONS SUR LES DIX PREMIERS DOSSIERS

Ce dossier comprend 3 parties :

A. Exercices de révision (de A 1 à A 7)

B. Corrigés des exercices

C. Tests suivis de leurs corrigés

A 1. Complétez en utilisant la préposition convenable quand elle est nécessaire :

1. Es indispensable .... escribir .... mano.
2. Hallarán Uds adjunto una carta de recomendación, así .... mi historial académico.
3. Su misión consistirá .... visitar los laboratorios farmaceúticos.
4. Mañana se entrevistará .... el Señor Director.
5. Si no le molesta, vamos .... empezar .... echar un vistazo .... todos los servicios.
6. No aprueba él los objetivos de la empresa ni la política .... seguir.
7. El director general es responsable de la gestión de la empresa .... los accionistas.
8. ¿ Quiere Ud llamar .... seguida .... reparador ? Tenemos prisa.
9. Se prohibe terminantemente fumar .... pena de despido inmediato.
10. Esta petición ha emocionado .... los obreros.
11. Ya se lo he dicho miles de veces ; .... eso no se lo repetiré.
12. La dirección no ha tomado .... cuenta la advertencia de los sindicatos.
13. La reanudación del trabajo es una condición previa .... la reapertura de las negociaciones.
14. No tardaron .... entablar negociaciones.
15. Acordó .... reunir cuanto tocaba .... la política de ventas.
16. No se preocupaban .... los deseos del cliente.
17. El blanco .... que soñamos, esperamos alcanzarlo pronto.
18. Quisiera consultar .... Ud varios problemas.
19. Ha aprovechado estar allí para comprar una máquina .... calcular muy moderna.
20. ¿ .... qué piensa Ud ?
21. Tenga cuidado .... no perder este programa.
22. Tenemos mucho placer .... presentarle nuestro nuevo producto.

Corrigé : 1. – /a ; 2. como ; 3. en ; 4. con ; 5. a/por/a ; 6. a ; 7. ante ; 8. en/al ; 9. so ; 10. a ; 11. por ; 12. en ; 13. a ; 14. en ; 15. – /a ; 16. por ; 17. con ; 18. con ; 19. de ; 20. en ; 21. con ; 22. en.

A 2. Traduire en français

• *les expressions et mots suivants :*

1. titulación universitaria ; 2. el dominio de una lengua ; 3. ventajas asistenciales ; 4. soltero ; 5. adjunto ; 6. historial académico ; 7. así como ; 8. comprobar ; 9. cuanto antes ; 10. un ejecutivo.

• *les phrases suivantes :*

1. ¿ Cuándo podremos concretar los detalles ?
2. El recadero estará aquí dentro de una hora.
3. Se valorará la titulación de arquitecto.
4. Se precisa urgentemente una secretaria ejecutiva experimentada.
5. La planta de que se trata está ubicada en Panamá.
6. Pero, por favor, ¿ quién atiende a la centralita de 2 a 3 ?
7. El año anterior, había que fichar todas las mañanas.
8. Al enterarse, reaccionó enérgicamente el jurado de empresa.

A 3. Traduire en espagnol

• *les expressions et mots suivants :*

1. revenus annuels ; 2. débouché ; 3. appeler l'attention ; 4. une annonce ; 5. le sérieux ; 6. l'efficacité ; 7. satisfaisant ; 8. la concurrence ; 9. un expert ; 10. un chef d'entreprise.

• *les phrases suivantes :*

1. Il sera répondu à toutes les demandes de renseignement.
2. En voiture, c'est l'affaire d'une demi-heure.
3. Remplissez-vous, monsieur, les conditions requises ?
4. En ce moment, il est en pleine possession de ses moyens.
5. Je ne veux plus voir ce classeur métallique dans mon bureau.
6. L'atelier de production est trop éloigné de l'entrepôt.
7. Il est inadmissible qu'ils se soient mis en grève sans aucun préavis.

A 4. Traduire les expressions et mots suivants :

- *en français :*

1. en adelante ; 2. el escalafón ; 3. el ordenanza ; 4. la planta baja ; 5. la mejora ; 6. el almacenamiento ; 7. más bien ; 8. dar el último toque ; 9. el jurado de empresa ; 10. un plante ; 11. el despido ; 12. un mentís ; 13. a destajo ; 14. atender ; 15. de antemano ; 16. el « segmento » ; 17. el volumen global de facturación ; 18. la escasez ; 19. el adiestramiento ; 20. el blanco ; 21. la concurrencia ; 22. el enfoque ; 23. la muestra ; 24. mermar ; 25. el presupuesto ; 26. el muestrario ; 27. la reseña ; 28. la mesura ; 29. la medida ; 30. el minorista.

- *en espagnol :*

1. service après-vente ; 2. la hiérarchie ; 3. avancement au choix ; 4. un actionnaire ; 5. les matières premières ; 6. tenir à jour ; 7. indemnités de chômage ; 8. la caisse d'épargne ; 9. le carnet de commandes ; 10. la journée continue ; 11. le plan de sauvetage ; 12. l'avantage ; 13. la relance ; 14. un grossiste ; 15. le seuil de rentabilité ; 16. l'annonceur ; 17. l'investissement ; 18. la consommation ; 19. le consommateur ; 20. le revenu par habitant ; 21. vente à crédit ; 22. vente en gros ; 23. vente au détail ; 24. la marge bénéficiaire ; 25. la cible ; 26. le réseau ; 27. le sondage ; 28. faire concurrence à ; 29. stocker ; 30. exploiter.

A 5. Thème d'imitation

1. Dans quinze jours, quand j'aurai tous les renseignements, je vous soumettrai un rapport détaillé.
2. Le plan de marketing comporte deux moments :
3. une analyse des périodes antérieures,
4. une autre où l'on précise les objectifs et où l'on indique les moyens d'y parvenir.
5. Je profiterai de cette occasion pour aller vous saluer.
6. Je voudrais réserver une chambre individuelle du 25 au 29 de ce mois.
7. Dans le cas d'une voiture louée, l'usager doit payer le carburant et les amendes, s'il y en a.
8. Cet article pourrait concurrencer ceux qui existent déjà sur le marché.
9. Il ne veut être dérangé sous aucun prétexte.

A 6. Traduire les expressions et mots suivants :

• *en espagnol :*

1. divergence d'opinions ; 2. c'est indispensable ; 3. dans huit jours ; 4. être en mesure de ; 5. à court terme ; 6. à long terme ; 7. à moyen terme ; 8. les circuits de distribution ; 9. en fonction des besoins ; 10. breveter ; 11. éveiller l'intérêt ; 12. s'informer de ; 13. s'intéresser à ; 14. corriger le déséquilibre ; 15. avoir des préjugés ; 16. prendre des notes ; 17. dactylographier un manuscrit ; 18. une solution de rechange ; 19. le décalage horaire ; 20. les indemnités de déplacement ; 21. la panne ; 22. rendre service ; 23. le passager ; 24. l'équipage ; 25. joindre à une lettre ; 26. le siège social ; 27. les fournisseurs ; 28. des conditions avantageuses ; 29. surmonter une difficulté ; 30. le bon de commande.

• *en français :*

1. constar de ; 2. servirse ; 3. aprovechar la oportunidad ; 4. eximirse mediante el pago ; 5. reposición de las existencias ; 6. mantenimiento ; 7. concertar una visita ; 8. concretar la fecha ; 9. atenerse a un plazo ; 10. atender a un cliente ; 11. hacer gestiones ; 12. los gastos ; 13. un maletín de viaje ; 14. el percance ; 15. el plazo ; 16. la plaza ; 17. recargar el precio ; 18. verificarse ; 19. el viajante ; 20. el equipaje ; 21. el casco urbano ; 22. un carrito ; 23. el arqueo ; 24. la entrega ; 25. el albarán ; 26. la devolución de los envases ; 27. la relación de facturas ; 28. la ubicación ; 29. una baza ; 30. un camión marchamado.

A 7. Complétez en utilisant SER ou ESTAR á la forme convenable

1. No siempre .... fácil ver claro.
2. Manuel García .... un joven de treinta años.
3. Cuando quiera Ud .... a su disposición.
4. Este año, la organización material de la junta .... difícil.
5. La remuneración anual .... del orden del 50 000 de euros.
6. Recibiré a este señor peruano que sólo .... de paso por Madrid.
7. Cuando ellos .... jóvenes, ... muy amigos.

Corrigé de A 2.

• *expressions et mots :*

1. diplômes universitaires ; 2. la maîtrise d'une langue ; 3. avantages sociaux ; 4. célibataire ; 5. ci-joint ; 6. dossier universitaire ; 7. ainsi que ; 8. vérifier ; 9. dès que possible ; 10. un cadre.

• *phrases :*

1. Quand pourrons-nous arrêter les détails ?
2. Le coursier sera là dans une heure.
3. Le titre d'architecte sera considéré comme un avantage.
4. On a besoin de toute urgence d'une secrétaire de direction expérimentée.
5. L'usine dont il s'agit est installée à Panama.
6. Mais, s'il vous plaît, qui s'occupe du standard de 14 à 15 heures ?
7. L'année dernière, il fallait pointer tous les matins.
8. En l'apprenant, le comité d'entreprise réagit énergiquement.

Corrigé de A 3.

• *expressions et mots :*

1. ingresos anuales ; 2. mercado, salida ; 3. llamar la atención ; 4. un anuncio ; 5. la seriedad ; 6. la eficacia ; 7. satisfactorio ; 8. la competencia ; 9. un perito ; 10. un empresario.

• *phrases :*

1. Se contestará a todas las peticiones de información.
2. En coche, es cosa de media hora.
3. ¿ Satisface Ud, Señor, los requisitos ?
4. De momento, está con pleno dominio de sus facultades.
5. Ya no quiero ver este archivador metálico en mi despacho.
6. El taller de producción está demasiado alejado del almacén.
7. No se puede admitir que se hayan declarado en huelga sin previo aviso alguno.

Corrigé de A 4. Expressions et mots :

• *d'espagnol en français :*

1. désormais ; 2. le tableau d'avancement ; 3. le garçon de bureau ; 4. le rez-de-chaussée ; 5. l'amélioration ; 6. le stockage ; 7. plutôt ; 8. mettre la dernière main ; 9. le comité d'entreprise ; 10. un débrayage ; 11. le licenciement ; 12. un démenti ; 13. à forfait ; 14. s'occuper de ; 15. à l'avance ; 16. le créneau ; 17. le chiffre d'affaires ; 18. la pénurie ; 19. l'entraînement, la formation ; 20. la cible ; 21. l'affluence ; 22. l'approche ; 23. l'échantillon ; 24. diminuer ; 25. le budget, le devis ; 26. l'échantillonnage ; 27. le compte rendu ; 28. la mesure, la pondération ; 29. la mesure, la dimension ; 30. le détaillant.

• *de français en espagnol :*

1. servicio posventa ; 2. la jerarquía ; 3. ascenso por elección ; 4. un accionista ; 5. las materias primas ; 6. mantener al día ; 7. subsidios de paro ; 8. la caja de ahorros ; 9. la cartera de pedidos ; 10. la jornada intensiva ; 11. el plan de salvación ; 12. la ventaja ; 13. la reactivación ; 14. un mayorista ; 15. el umbral de rentabilidad ; 16. el anunciante ; 17. la inversión ; 18. el consumo ; 19. el consumidor ; 20. la renta per cápita ; 21. venta a plazos ; 22. venta al por mayor ; 23. venta al por menor ; 24. el margen beneficiaro ; 25. el blanco ; 26. la red : 27. el sondeo ; 28. competir con ; 29. almacenar ; 30. explotar.

Corrigé de A 5. Thème d'imitation :

1. Dentro de quince días, cuando yo tenga todas las informaciones, le someteré un informe detallado.
2. El plan de marketing consta de dos momentos :
3. un análisis de los períodos anteriores
4. otro en el que se marcan los objetivos y se señalan los medios para lograrlos.
5. Aprovecharé esta ocasión para ir a saludarle.
6. Quisiera reservar una habitación individual del 25 al 29 de este mes.
7. En el caso de un coche alquilado, el usuario ha de pagar el carburante y las multas, si las hay.
8. Este artículo podría competir con los ya existentes en el mercado.
9. No quiere que le molesten bajo ningún pretexto.

Corrigé de A 6. Expressions et mots :

• *de français en espagnol :*

1. discrepancia de opiniones ; 2. es imprescindible ; 3. dentro de ocho días ; 4. estar en condiciones de ; 5. a corto plazo ; 6. a largo plazo ; 7. a medio plazo ; 8. los canales de distribución ; 9. con arreglo a las necesidades ; 10. patentar ; 11. despertar el interés ; 12. enterarse de ; 13. interesarse por ; 14. nivelar el desequilibrio ; 15. tener prejuicios ; 16. tomar apuntes ; 17. mecanografiar un manuscrito ; 18. una solución de recambio ; 19. la diferencia horaria ; 20. las dietas ; 21. la avería ; 22. prestar servicio ; 23. el pasajero ; 24. la tripulación ; 25. adjuntar a una carta ; 26. la sede social ; 27. los proveedores ; 28. condiciones ventajosas ; 29. superar una dificultad ; 30. el vale de pedido.

• *d'espagnol en français :*

1. être composé de ; 2. bien vouloir ; 3. profiter de l'occasion ; 4. se libérer par le paiement ; 5. renouvellement des stocks ; 6. entretien ; 7. convenir d'une visite ; 8. fixer la date ; 9. respecter un délai ; 10. s'occuper d'un client ; 11. faire des démarches ; 12. les frais ; 13. un attaché-case ; 14. le contre-temps ; 15. le délai ; 16. la place ; 17. majorer le prix ; 18. avoir lieu ; 19. le voyageur de commerce ; 20. les bagages ; 21. le périmètre urbain ; 22. un caddy ; 23. la vérification de la caisse ; 24. la livraison ; 25. le bon de livraison ; 26. le retour des emballages ; 27. le relevé des factures ; 28. l'emplacement ; 29. un atout ; 30. un camion plombé.

Corrigé de A 7. Exercice sur SER et ESTAR

1. No siempre es fácil ver claro.
2. Manuel García es un joven de treinta años.
3. Cuando quiera Ud estoy a su disposición.
4. Este año, la organización material de la junta es difícil.
5. La remuneración anual es del orden del 50 000 de euros.
6. Recibiré a este señor peruano que sólo está de paso por Madrid.
7. Cuando ellos eran jóvenes, eran muy amigos.

C 1 Test (revoir les dossiers I à IV)

Choisissez la bonne réponse

1. Otra vez le .... la atención sobre la absoluta necesidad de la puntualidad.
   a) atraigo b) llamo
   c) apelo d) concedo
2. Ud hallará .... mi historial académico y profesional.
   a) junto b) conjunto
   c) adjunto d) juntado
3. Con la esperanza de satisfacerle, le saluda ....
   a) atento b) con atención
   c) atentado d) atentamente
4. El que trabaja la mitad del horario normal tiene un trabajo ....
   a) de media jornada b) de medio día
   c) de mediodía d) mitad y mitad
5. Estoy muy contento porque acaban de anunciarme que .... todos los requisitos.
   a) lleno b) relleno
   c) cumplo d) satisfago
6. Es la quinta vez que llamo. Quiero ver al Señor Director. ¿ Cuándo puedo .... con él ?
   a) entrevistarme b) citar
   c) encontrar d) entretenerme
7. La empresa .... relaciones comerciales con casi todos los laboratorios.
   a) entretiene b) entremete
   c) mantiene d) detiene
8. Antes, en muchas empresas, para que se comprobara la puntualidad, el empleado, al llegar, tenía la obligación de ....
   a) apuntar b) señalarse
   c) fichar d) registrar
9. Los productos que se conservan en el almacén constituyen ....
   a) las existencias b) los recursos
   c) los estoques d) los estratos

10. El que se ocupa del almacenamiento de los productos es ....
a) el almacenista b) el almacenero
c) el almaciguero d) el depositador

11. La plantilla es
a) la planta pequeña
b) la parte inferior del pie
c) el conjunto del personal
d) los directivos

12. Los documentos relativos a un negocio (cartas, vales, facturas, etc.) pueden guardarse en ....
a) una camisa b) un expendiente
c) un respaldo d) una carpeta

13. De los problemas humanos o sociales que pueden surgir en una empresa, puede encargarse ....
a) el jurado de empresa
b) el censor jurado
c) la junta empresarial
d) el delegado de organizaciones empresariales

14. Por solidaridad, los sindicatos han acordado .... de una hora, o sea la interrupción del trabajo sin abandonar los lugares de producción.
a) un desembrague b) un plante
c) una planta d) una pausa

15. Transmitir a quien corresponda, significa
a) a quien lleva la correspondencia
b) a quien acaba de escribir
c) a quien incumba
d) a quien lo pueda otorgar

16. Por motivos económicos, el empresario puede reducir el número de obreros y proceder a ....
a) despedidas b) desprendimientos
c) despegues d) despidos

17. Todas las tentativas de negociaciones han fracasado, o sea que ....
a) han hecho mucho ruido
b) no han tenido los resultados esperados
c) no han tenido lugar en el sitio previsto
d) amenazan con durar mucho tiempo

18. Hubo una ausencia de relaciones entre los departamentos .... primera obligación era la de colaborar.
    a) cuya b) de la que
    c) donde la d) de quien la
19. El que propone un producto similar a precio idéntico es ....
    a) un concurrente b) un derrochador
    c) un compilador d) un competidor
20. Esta necesidad **está por satisfacer,** significa
    a) ya está satisfecha
    b) queda por satisfacer
    c) estará satisfecha por otro
    d) está sin satisfacer

Corrigé de C 1 : 1. b ; 2. c ; 3. d ; 4. a ; 5. d ; 6. a ; 7. c ; 8. c ; 9. a ; 10. b ; 11. c ; 12. d ; 13. a ; 14. b ; 15. c ; 16. d ; 17. b ; 18. a ; 19. d ; 20. b.

C 2 Test (revoir les dossiers V à X)

Choisissez la bonne réponse

1. Pedimos que se .... un estudio de mercado.
   a) realiza b) efectúa
   c) efectúen d) realice
2. Me .... falta datos precisos sobre el tema.
   a) hago b) hacen
   c) hace d) hagan
3. ¿ .... tiempo tardará ?
   a) cuánto b) cuándo
   c) cuanto d) cuando
4. Es aquí .... el hombre de marketing ha de aportar sus conocimientos.
   a) que b) cuando
   c) donde d) como

5. La sociedad Pielujo ha invitado .... varios compradores franceses .... pasar unos días .... Madrid.
   a) a. en. a. b) en. a. a.
   c) a. a. a. d) a. a. en.

6. « Le echaré a Ud mucho de menos » equivale a
   a) le tiraré porque vale menos
   b) le haré muchas preguntas, menos una
   c) experimentaré su ausencia
   d) le diré a Ud que insista menos

7. Ud podrá proponerme otro hotel **siempre que** esté situado en un barrio céntrico y tranquilo.
   a) con tal que b) a no ser que
   c) si d) a saber

8. Me .... que tuviera un telex a la disposición de los clientes.
   a) gusta b) gusto
   c) gustarías d) gustaría

9. Le agradecería me .... un hotel muy céntrico.
   a) recomiende b) recomendará
   c) indique d) indicara

10. No me tome el pelo, por favor, estoy cansado ya que .... de llegar.
    a) acabaré b) vengo
    c) termino d) acabo

11. Siempre vacilaba porque no podía decidirse entre ventajas e ....
    a) desventajas b) percances
    c) inconvenientes d) riesgos

12. El casco urbano es
    a) lo que llevan los motociclistas en la ciudad
    b) el centro de la ciudad por oposición al extrarradio
    c) la dificultad de vivir en el centro de una ciudad
    d) el nivel de la contaminación urbana

13. Les **tachan** de manipular a los clientes
    a) acusan b) acatan
    c) atacan d) dicen

14. Entre las ventajas que a continuación se conceden a los hipermercados, hay un error. ¿ Cuál es ?
    a) el aparcamiento es libre y gratuito
    b) las horas de apertura satisfacen más a las personas que trabajan
    c) la gasolina que venden suele ser menos barata que en otras partes
    d) se reembolsan los artículos defectuosos

15. Uds consideran a los clientes como si fueran ....
    a) tiroleses b) títeres
    c) tiragomas d) tiburones

16. .... prevista una ampliación de mi almacén
    a) he b) estoy
    c) tengo d) hemos

17. Le rogamos .... devolvernos un ejemplar
    a) acordarse de b) se sirva
    c) cuanto antes d) ser amable de

18. El pago al contado es
    a) cuando el cliente está muy contento
    b) eximirse de una deuda en el acto
    c) el que se efectúa en metálico
    d) el que se efectúa por giro postal

19. Se llama envase
    a) el recipiente que contiene flores
    b) la mezcla de tierra y de agua
    c) el acondicionamiento de los líquidos
    d) un vaso pequeño para probar vinos

20. La venta a plazos es
    a) la venta hecha en la plaza pública
    b) la venta al mejor postor
    c) la repartición para el comprador del precio total en varias entregas
    d) un albergue donde siempre hay sitio

21. En el comercio internacional, la carencia de divisas es
    a) la ausencia de ideales comerciales
    b) la falta de dinero en moneda extranjera
    c) la desconfianza hacia la moneda extranjera
    d) la debilidad crónica de la moneda extranjera

22. Por « crédito documentario », hay que entender
    a) un pago internacional entre un vendedor y el banco del comprador
    b) una documentación valiosa sobre créditos bancarios
    c) un crédito que sólo se concede a los compradores más documentados

23. De las tres características que se atribuyen al precio F.O.B., una es falsa. ¿ Cuál es ?
    a) el vendedor entrega la mercancía a bordo del buque en el puerto de embarque
    b) el comprador paga el flete y el seguro de las mercancías
    c) el comprador es responsable de los riesgos de embarque

24. De las cuatro características que se atribuyen al precio C.I.F., una es falsa. ¿ Cuál es ?
    a) el vendedor es responsable del embarque de las mercancías
    b) el comprador ha de pagar el seguro de las mercancías
    c) el vendedor es responsable de las mercancías hasta el puerto de destino
    d) el comprador es responsable de la descarga de las mercancías

25. De las cuatro características que se atribuyen al precio F.A.S., una es falsa. ¿ Cuál es ?
    a) el vendedor es responsable del embarque de las mercancías
    b) el comprador ha de pagar el seguro de las mercancías
    c) el vendedor no es responsable de la descarga de las mercancías
    d) el comprador ha de pagar el flete

Corrigé de C 2 : 1. d ; 2. b ; 3. a ; 4. c ; 5. d ; 6. c ; 7. a ; 8. d ; 9. d ; 10. d ; 11. c ; 12. b ; 13. a ; 14. c ; 15. b ; 16. c ; 17. b ; 18. b ; 19. c ; 20. c ; 21. b ; 22. a ; 23. c ; 24. b ; 25. a.

XI

BANCOS, MODOS DE PAGO

BANQUES, MOYENS DE PAIEMENT

A. Situaciones

A 1. Solicitud de préstamo
A 2. Los impagados
A 3. Carta recordatoria

B. Documentación

B 1. Los efectos de comercio
B 2. Fichero de frases
B 3. Fichero de vocabulario
la banca (l'ensemble de la profession)
el banco (l'établissement bancaire)
modos de pago

Guión

La sociedad ha decidido ampliar sus actividades y tiene que aumentar su producción e incrementar su organización comercial en Latinoamérica. Estos proyectos requieren fondos y, con la autorización de la junta general de accionistas, el director de Pielujo ha pedido una entrevista a su banquero para solicitar un préstamo.
Por otra parte, el departamento de contabilidad tendrá que resolver rápidamente el problema de las facturas impagadas.

Scénario

La société a décidé d'étendre ses activités et doit augmenter sa production et développer son organisation commerciale en Amérique latine. Ces projets nécessitent des fonds et, avec l'autorisation de l'assemblée générale des actionnaires, le directeur de Pielujo a demandé un entretien à son banquier pour solliciter un prêt.
D'autre part, le service de comptabilité devra résoudre rapidement le problème des factures impayées.

El director de Pielujo discute con su banquero de las condiciones de un préstamo.

Banquero : Entonces, ¿ solicitan un préstamo ?

Director : Sí, eso es. Quisiéramos ampliar nuestras actividades el año próximo y nuestro presupuesto estimado presenta un aumento del 30 % en comparación con el año anterior. Por eso, necesitaríamos pedir prestado por una cantidad de 40 millones con una duración de cinco años.

B. Según el estudio del expediente, comprendo que este préstamo les permitiría cubrir una parte de los gastos de construcción de nuevos talleres y también invertir comprando locales comerciales en varios países latinoamericanos.

D. Sí, nuestras exportaciones aumentan muy de prisa y, en consecuencia, tenemos que incrementar nuestra producción y nuestra red comercial si no queremos perder mercados muy atrayentes.

B. El préstamo que solicitan tendría que estar muy seriamente respaldado. Para que se lo concediera nuestro banco, les harían falta las fianzas suficientes. Lo requiere la coyuntura actual.

D. ¡ Desde luego ! Por lo que se refiere a nuestra solvencia, Ud sabe que nuestra empresa no tiene deudas. Por otra parte, nuestro volumen global de facturación crece regularmente desde hace diez años. Además, nuestros títulos están depositados en su banco.

B. Estos títulos constituyen naturalmente una excelente fianza. Representan unos 2,5 millones de euros o sea la mitad del préstamo. Pero quedan aún 1,5 millones.

D. ¿ Qué me aconseja Ud ?

B. Una financiación por crédito hipotecario garantizado por sus locales industriales y el terreno.

D. ¿ Cuál sería el tipo de interés ?

B. Dadas la antigüedad y la regularidad de nuestras relaciones, podríamos concederles un 14 %.

Le directeur de Pielujo discute avec son banquier des conditions d'un prêt.

Banquier : Alors, vous demandez un prêt ?

Directeur : Oui, c est cela. Nous voudrions étendre nos activités l'année prochaine et notre budget prévisionnel est en augmentation de 30 % par rapport à celui de l'année précédente. Pour cette raison, nous aurions besoin de faire un emprunt d'une somme de 40 millions sur une durée de cinq ans.

B. D'après l'étude du dossier, je comprends que ce prêt vous permettrait de couvrir une partie des frais de construction de nouveaux ateliers et aussi d'investir en achetant des locaux commerciaux dans plusieurs pays latino-américains.

D. Oui, nos exportations augmentent très rapidement et, par conséquent, nous devons développer notre production et notre réseau commercial si nous ne voulons pas perdre des marchés très alléchants.

B. Le prêt que vous demandez devrait être très sérieusement garanti. Pour que notre banque vous l'accorde, il vous faudrait avoir les cautions suffisantes. La conjoncture actuelle l'exige.

D. Bien sûr ! En ce qui concerne notre solvabilité, vous savez que notre entreprise n'a pas de dettes. D'autre part, notre chiffre d'affaires croît régulièrement depuis dix ans. En outre, nos titres sont déposés chez vous.

B. Ces titres constituent naturellement une excellente caution. Ils représentent environ 2,5 millions d'euros, c'est-à-dire la moitié du prêt. Mais ils restent encore 5 millions d'euros.

D. Que me conseillez-vous ?

B. Un financement par crédit hypothécaire garanti par vos locaux industriels et le terrain.

D. Quel en serait le taux d'intérêt ?

B. Étant donné l'ancienneté et la régularité de nos relations, nous pourrions vous accorder 14 %.

 Los impagados

Diálogo entre un contable y una secretaria

Secretaria : Quedan todavía muchos impagados. Ya hemos enviado muchos recordatorios pero sin resultado. Desde hace más de tres meses la casa Carrascal de Salamanca nos debe 50 000 euros.

Contable : Hace falta que exijamos el pago de este saldo inmediatamente. Avisémosle que transmitiremos su expediente a nuestro departamento contencioso si no satisface su deuda dentro de un plazo de diez días.

S. Hay también el problema de la casa Ballester de Gerona. Giramos a su cargo una letra a 60 días fin de mes hace ya cuatro meses. Hace más de tres meses la hicimos descontar y el banco nos escribió que todavía sigue impagada.

C. Tenemos también dificultades con la casa Cobos de Valencia. Anteriormente, solían pagar con más regularidad. Su última factura venció el lunes pasado y, una vez más, no recibimos nada. Hace falta mandarles un recordatorio hoy mismo.

XI A 3 **Una carta recordatoria**

Muy señor nuestro :
Nos permitimos recordar le que nuestra factura del 3
de diciembre pasado, por un importe de 400 euros,
aún no ha sido pagada.
Suponemos que, debido a las fiestas de fin de año,
esto ha sido mero olvido por su parte y lo
comprendemos perfectamente.
Le rogamos se sirva satisfacer su deuda en el más
breve plazo posible con el fin de normalizar su
situación.
Esperamos entienda que demoras de esta clase
ocasionan dificultades importantes a nuestro
departamento de contabilidad.
Le saludamos atentamente,

XI A 2 Les impayés

Dialogue entre un comptable et une secrétaire

Secrétaire : Il y a encore beaucoup d'impayés. Nous avons déjà envoyé beaucoup de lettres de rappel mais sans résultat. Depuis plus de trois mois la maison Carrascal de Salamanque nous doit 50 000 euros.

Comptable : Il faut que nous exigions le règlement de ce solde immédiatement. Avertissons-le que nous transmettons son dossier au service du contentieux s'il ne s'acquitte pas de sa dette dans un délai de dix jours.

S. Il y a aussi le problème de la maison Ballester de Gérone. Nous avons tiré à sa charge une lettre de change à 60 jours fin de mois il y a déjà quatre mois. Il y a plus de trois mois que nous avons fait escompter cette traite et la banque nous écrit qu'elle reste encore impayée.

C. Nous avons aussi des difficultés avec la maison Cobos de Valence. Auparavant, ils avaient l'habitude de payer plus régulièrement. Leur dernière facture est arrivée à échéance lundi dernier et, une fois de plus, nous n'avons rien reçu. Il faut leur envoyer une lettre de rappel aujourd'hui même.

XI A 3 Une lettre de rappel

Monsieur,
Nous nous permettons de vous rappeler que notre facture
du 3 décembre dernier, d'un montant de 400 euros,
n'a pas encore été réglée.
Nous supposons qu'il s'agit d'un simple oubli de votre part dû
aux fêtes de fin d'année et nous le comprenons parfaitement.
Nous vous prions de bien vouloir vous acquitter de cette
dette dans le plus bref délai possible afin de normaliser
votre situation.
Nous espérons que vous comprendrez que des retards de
cette sorte provoquent d'importantes difficultés dans notre
service comptable;
Veuillez agréer, Monsieur…

La letra de cambio

Es un documento en el que el acreedor (librador) ordena a su deudor (librado) que pague, a vencimiento fijo, cierta cantidad a una persona determinada. El librador extiende la letra y la presenta para aceptación al librado que debe firmarla. Puede ser avalada por otra persona que da su garantía e igualmente transmitida por endoso. En caso de negativa de aceptación o de pago, se manda hacer un protesto (acta notarial) y los gastos corren a cargo del deudor. El tenedor puede entonces girar una nueva letra llamada resaca por el importe de la deuda aumentado de todos los gastos originados.

Las letras pueden girarse a la vista, a tantos días o meses vista (a partir del día siguiente al de la aceptación,), a tantos días o meses fecha (a partir del día siguiente al de la creación de la letra), a tantos días fin de mes o a fecha determinada.

Si el acreedor necesita dinero en seguida, hace descontar la letra, cobrando inmediatamente el importe menos un tanto por ciento de descuento o de comisión. En este caso, la letra es un verdadero instrumento de crédito. Además, si el banquero necesita fondos a su vez, puede presentarla al banco de emisión para su redescuento.

La letra de cambio documentaria

Se usa sobre todo en el comercio internacional. El banco corresponsal en el país del cliente recibe la letra acompañada de los documentos de expedición. Los transmite al comprador sólo después de la aceptación.

El pagaré o vale a la orden

Este documento se parece a un reconocimiento de deuda. Un suscriptor (o varios) promete(n) pagar a un acreedor, o a quien éste ordene, una cantidad determinada en una fecha fija. Puede endosarse el pagaré.

La carta de crédito

Es una carta dirigida por un banco a un corresponsal suyo residente en el extranjero para que entregue al portador, en una o varias veces, una cantidad determinada dentro de un plazo fijo.

La lettre de change

C'est un document par lequel le créancier (tireur) ordonne à son débiteur (tiré) de payer, à échéance précise, une certaine somme à une personne déterminée. Le tireur établit la lettre de change et la présente pour acceptation au tiré qui doit la signer. Elle peut être avalisée par une autre personne qui donne sa garantie et également transmise par endos. En cas de refus d'acceptation ou de paiement, on fait dresser un protêt (acte notarié) et les frais sont à la charge du débiteur. Le porteur peut alors tirer une nouvelle lettre de change, appelée retraite, pour le montant de la dette augmenté de tous les frais occasionnés.

Les lettres de change peuvent être tirées à vue, à tant de jours ou de mois de vue (à partir du jour qui suit celui de l'acceptation), à tant de jours ou de mois de date (à partir du jour qui suit celui de la création de la traite), à tant de jours fin de mois ou à une date déterminée.

Si le créancier a besoin d'argent tout de suite, il fait escompter la traite et en touche immédiatement le montant moins un pourcentage d'escompte ou de commission. Dans ce cas, la lettre de change est un véritable instrument de crédit. De plus, si le banquier a besoin de fonds à son tour, il peut la présenter à la banque d'émission pour son réescompte.

La lettre de change documentaire

Elle est surtout utilisée dans le commerce international. La banque correspondante dans le pays du client reçoit la lettre de change accompagnée des documents d'expédition. Elle ne les transmet à l'acheteur qu'après acceptation.

Le billet à ordre

Ce document ressemble à une reconnaissance de dette. Un souscripteur (ou plusieurs) promette(nt) de payer à un créancier, ou à qui celui-ci l'ordonne, une somme déterminée à une date précise. Le billet à ordre peut être endossé.

La lettre de crédit

C'est une lettre adressée par une banque à l'un de ses correspondants résidant à l'étranger pour qu'il remette au porteur, en une ou plusieurs fois, une somme déterminée dans la limite d'un délai précis.

1. En cas de paiement comptant, on accorde généralement un escompte.
2. Le reçu doit être daté et signé par le vendeur.
3. Un chèque peut être libellé au porteur ou bien à l'ordre.
4. Le chèque barré doit être touché par quelqu'un qui a un compte dans une banque.
5. Il faut que le titulaire du compte ait une provision suffisante.
6. La loi condamne l'émission de chèques à découvert.
7. Il faut écrire le nouveau solde sur la souche.
8. Si l'on oubliait de signer un chèque, il n'aurait aucune valeur.
9. On peut acheter des chèques de voyage dans n'importe quelle banque.
10. Ils sont remboursés en cas de vol ou de perte.
11. Nous vous conseillons d'ouvrir un compte courant dans cette banque.
12. Les sommes en chiffres et en lettres ne coïncident pas.
13. Je vous serais reconnaissant de m'envoyer un autre chèque correctement libellé.
14. L'escompte d'effets est l'achat, avant l'échéance, de lettres de change.
15. Nous joignons, dûment acceptée, la traite tirée sur notre compte.
16. En cas de refus de paiement, on fait dresser un protêt.
17. On utilise fréquemment le crédit documentaire dans le commerce international.
18. Les banques n'accordent généralement pas de crédits sans demander des garanties.
19. La banque centrale contrôle l'économie en abaissant ou en élevant le taux d'intérêt.
20. Principaux services proposés par les banques :
a) comptes courants ; b) comptes de dépôts ; c) avances ou prêts ; d) escompte des effets négociables ; e) change de devises ; f) crédit documentaire ; g) lettre circulaire de crédit ; h) chèques de voyage ; i) location de coffres-forts pour y déposer des titres, des bijoux, etc. ; j) placement des titres émis par le secteur public ou privé ; k) encaissement des coupons échus des titres ; l) transmission des ordres de bourse ; m) achat et vente de métaux précieux ; n) financement d'entreprises ; etc.

1. En caso de pago al contado, se suele conceder un descuento.
2. El recibo tiene que ser fechado y firmado por el vendedor.
3. Un cheque puede ser extendido al portador o bien a la orden.
4. El cheque cruzado tiene que ser cobrado por alguien que tiene una cuenta en un banco.
5. Hace falta que el titular de la cuenta tenga una provisión suficiente.
6. La ley condena la emisión de cheques en descubierto.
7. Hace falta inscribir el nuevo saldo en el talón.
8. Si se olvidara firmar un cheque, no tendría valor alguno.
9. Se pueden comprar cheques de viaje en cualquier banco.
10. Son reembolsados en caso de robo o de pérdida.
11. Le aconsejamos abra una cuenta corriente en este banco.
12. No coinciden las cantidades en número y en letras.
13. Le agradecería me enviara otro cheque correctamente extendido.
14. El descuento de efectos es la compra, antes del vencimiento, de letras de cambio.
15. Adjuntamos, debidamente aceptada, la letra girada a nuestro cargo.
16. En caso de negativa de pago, se manda hacer un protesto.
17. Se usa frecuentemente el crédito documentario en el comercio internacional.
18. Los bancos no suelen conceder créditos sin pedir garantías.
19. El banco central controla la economía bajando o elevando el tipo de interés.
20. Principales servicios propuestos por los bancos :
    a) cuentas corrientes ; b) cuentas de depósito ; c) anticipos o préstamos ; d) descuento de efectos negociables ; e) cambio de divisas ; f) crédito documentario ; g) carta circular de crédito ; h) cheques de viaje ; i) alquiler de cajas de caudales para depositar títulos, joyas, etc. j) colocación de títulos emitidos por el sector público o privado ; k) cobro de los cupones vencidos de los títulos ; l) transmisión de las órdenes de bolsas ; m) compra-venta de metales preciosos ; n) financiación de empresas ; etc.

abonar	verser ; créditer un compte
al acreedor	le créancier
el acta notarial	l'acte notarié
adelantar fondos	avancer des fonds
afianzar	cautionner
el agio	l'agio
el anticipo	l'avance, l'acompte
la anualidad	l'annuité
el anverso	le recto
la apertura de cuenta	l'ouverture de compte
avalar una letra	avaliser une traite
el beneficiario	le bénéficiaire
la caja de ahorros	la caisse d'épargne
la caja fuerte	le coffre-fort
la cámara de compensación	la chambre de compensation
el cambio	le change
cobrar	toucher ; encaisser
el cobro	l'encaissement
el código	le code
la comprobación	la vérification
conceder un crédito	accorder un crédit
el conocimiento	le connaissement
cruzar un cheque	barrer un chèque
la cuenta corriente	le compte courant
el cheque cruzado	le chèque barré
el debe de una cuenta	le débit d'un compte
descontar	escompter
el descuento	l'escompte
el deudor	le débiteur
devengar intereses	rapporter des intérêts
en efectivo o en metálico	en espèces
el empréstito	l'emprunt (obligataire)
endosar	endosser
el endoso	l'endos
expedir un documento	délivrer ; émettre
expedir un paquete	expédier un paquet
extender un documento	rédiger un document
la fianza	la caution
el firmante	le signataire
el formulario	le formulaire
los gastos	les frais
gestionar documentos	procurer des documents
gestionar un negocio	traiter une affaire
gestionar ; hacer gestiones	faire des démarches
girar a cargo de	tirer (une traite) sur
el giro postal	le mandat postal

la hipoteca	l'hypothèque
imponer dinero	placer de l'argent
ingresar en una cuenta	verser sur un compte
interés simple o compuesto	intérêt simple ou composé
la letra de cambio	la lettre de change
el librado	le tiré
el librador	le tireur
librar contra	tirer sur
la libreta	le livret
la negativa de pago	le refus de paiement
pagadero	payable
pagar	payer ; régler
el pagaré a la orden	le billet à ordre
el pago a plazos	le paiement à tempérament
pedir prestado	emprunter
el plazo	le délai
el precio de coste	le prix de revient
el prestamista	le prêteur
el préstamo	le prêt
prestar dinero	prêter de l'argent
el prestatario	l'emprunteur
procesar	poursuivre en justice
protestar una letra	dresser protêt d'une traite
el protesto	le protêt
el recibo	le reçu, la quittance
el reembolso	le remboursement
los requisitos	les formalités
el resguardo	le récépissé, le reçu
el saldo	le solde
satisfacer el importe	régler le montant
la solvencia	la solvabilité
el suscriptor	le souscripteur
el talón	la souche
el talonario	le carnet de chèques
el tenedor	le porteur
el tipo, la tasa	le taux
el titular	le titulaire
la transferencia bancaria	le virement bancaire
el vale a la orden	le billet à ordre
valido	valable
vencer	arriver à échéance, échoir
el vencimiento	l'échéance
vigente	en vigueur
el warrant	le warrant

XII

LOS IMPUESTOS, LOS SEGUROS

LES IMPÔTS, LES ASSURANCES

Guión

Para intentar movilizar más el interés de todo el personal de Pielujo, se organizan conferencias y charlas sobre los grandes temas económicos y administrativos.
Las dos últimas, dadas en el marco de la formación permanente, trataban de los impuestos y del seguro.

Scénario

Pour essayer de mobiliser l'intérêt de tout le personnel de Pielujo, on organise des conférences et des causeries sur les grands thèmes économiques et administratifs.
Les deux dernières, données dans le cadre de la formation permanente, traitaient des impôts et de l'assurance.

Un especialista acaba de dar una charla sobre el sistema tributario; Contesta a las preguntas del personal.

– ¿ Puede Ud repetir lo que es la base imponible ?

– La base imponible es el total de los ingresos menos los gastos deducibles. Por ejemplo, si Ud ha contratado un seguro de vida, puede deducir de sus ingresos el importe de la prima.

– He leído en un periódico que el impuesto sobre el patrimonio iba a desaparecer. ¿ Es verdad ?

– No. Va a transformarse y se integrará en el impuesto sobre la renta de las personas físicas. El tipo de imposición se reparte así : del 0,20 % hasta un valor de patrimonio de 2 millones de euros al 2 % a partir de un valor de 15 millones.

– Si las sociedades pagaran más impuestos, los asalariados tendríamos contribuciones menos fuertes, ¿ no ?

– Las sociedades pagan mucho más impuestos de lo que Ud cree. Y piense que si las sociedades no realizan beneficios, no pueden invertir. Y si no invierten, no hay empleo. Y, por otra parte, necesita el Estado dinero.

– Ud ha dicho que los impuestos directos eran más justos que los impuestos indirectos. No lo entiendo.

– Es muy fácil de entender. Pongo por ejemplo el petróleo. Las diferentes tasas que se aplican a la gasolina, las paga igual el pobre como el rico, ¿ verdad ? Pero, para el rico, representa mucho menos. ¿ Comprende Ud ahora ?

– Llevo siete meses en Pielujo. Me han dicho que todos los meses la sociedad retiene algo sobre mi salario. ¿ A qué corresponde ?

– Su información es exacta. Las sociedades tienen la obligación de retener cierto porcentaje sobre todas las retribuciones, en concepto de pago a cuenta sobre el impuesto sobre la renta. Según el tipo de retribución, varía la retención. Le doy unos ejemplos : para un salario anual de 15 000 de euros, retención del 1 % ; para un salario anual de 100 000 de euros, retención del 23 % ; si se trata de honorarios, la retención será del 5 %.

Un spécialiste vient de faire une causerie sur le régime fiscal. Il répond aux questions du personnel.

– Pouvez-vous redire ce qu'est l'assiette de l'impôt ?

– L'assiette de l'impôt est le total des revenus moins les charges à déduire. Par exemple, si vous avez contracté une assurance vie, vous pouvez déduire de vos revenus le montant de la prime.

– J'ai lu dans un journal que l'impôt sur le patrimoine allait disparaître. Est-ce vrai ?

– Non. Il va se transformer et il sera intégré à l'impôt sur les revenus des personnes physiques. Le taux d'imposition se répartit de la façon suivante : de 0,20 % jusqu'à une valeur de patrimoine de 2 millions d'euros à 2 % à partir d'une valeur de 15 millones.

– Si les sociétés payaient davantage d'impôts, nous, les salariés, nous aurions des impôts moins élevés, n'est-ce pas ?

– Les sociétés paient beaucoup plus d'impôts que vous ne croyez. Et pensez que si les sociétés ne réalisent pas de bénéfices, elles ne peuvent pas investir. Et si elles n'investissent pas, il n'y a pas de travail. Et, par ailleurs, l'État a besoin d'argent.

– Vous avez dit que les impôts directs étaient plus justes que les impôts indirects. Je ne comprends pas cela.

– C'est très facile à comprendre. Je prends par exemple le pétrole. Les différentes taxes qui s'appliquent à l'essence sont payées identiquement par le pauvre et par le riche, n'est-ce-pas ? Mais, pour le riche, cela représente beaucoup moins. Vous comprenez, maintenant ?

– Cela fait sept mois que je suis chez Pielujo. On m'a dit que tous les mois la société retient quelque chose sur mon salaire. A quoi cela correspond-il ?

– Votre information est exacte. Les sociétés ont l'obligation de retenir un certain pourcentage sur toutes les rétributions, à titre d'acompte sur l'impôt sur le revenu. Selon le genre de rétribution, la retenue varie. Je vous donne quelques exemples : pour un salaire annuel de 15 000 euros, retenue de 1 % ; pour un salaire de 100 000 euros, retenue de 23 % ; s'il s'agit d'honoraires, la retenue sera de 5 %.

 Reseña de la charla sobre los seguros

Un seguro es un contrato por el cual una persona o una sociedad (el asegurador) se compromete, mediante el pago de una cantidad de dinero (la prima), a indemnizar a otra persona o sociedad (el asegurado) de un daño o perjuicio que pueda sufrir ésta. Hay que distinguir diferentes tipos de seguro :

la Seguridad social : conjunto de leyes aplicadas por varios organismos que obligan a empresarios y empleados a protegerse contra ciertos riesgos :
– maternidad, enfermedad, vejez, paro : seguro social,
– accidentes y enfermedades debidos al trabajo : accidentes del trabajo,
– ayuda a las familias que tienen hijos : subsidio familiar.

seguro contra el incendio : se protege así todo objeto mueble o inmueble, excepto el dinero, que pueda ser destruído o deteriorado por el fuego.

seguro de vida : consiste en el pago por el asegurador de un capital o de una renta, en cantidad, duración y fechas determinadas por el contrato. Al fallecimiento del contratante, pueden, si lo estipula el contrato, beneficiar del seguro sus causahabientes o una tercera persona.

seguro de transporte terrestre o aéreo : se asegura el transporte de toda clase de mercancías contra todo género de riesgos cualquiera que sea la causa que los origine. Sin embargo, si el deterioro o la destrucción son provocados por causas que no depende del transporte, no responderá el asegurador de los daños.

seguro marítimo : no difiere fundamentalmente del seguro terrestre o aéreo, pero la cantidad de mercancías transportadas (el flete), la duración del transporte, los riesgos corridos, el capital immovilizado, etc. complican tanto los trámites que muchas veces se recurre a un especialista, el corredor marítimo.

Existen otros muchos tipos de seguro :
– seguro de automóviles
– seguro contra el pedrisco, inundación, daños nucleares, etc.
– seguro de responsabilidad civil.

Compte rendu de la causerie sur les assurances

Une assurance est un contrat par lequel une personne ou une société (l'assureur) s'engage, moyennant le paiement d'une somme d'argent (la prime), à indemniser une autre personne ou société (l'assuré) d'un dommage ou d'un préjudice que cette dernière pourrait subir.
Il faut distinguer différents types d'assurance :

La Sécurité sociale : ensemble de lois appliquées par plusieurs organismes qui obligent employeurs et employés à se protéger contre certains risques :
- maternité, maladie, vieillesse, chômage : assurances sociales,
- accidents et maladies dus au travail : assurances accidents du travail,
- aide aux familles qui ont des enfants : allocations familiales.

Assurance incendie : on protège ainsi tout objet meuble ou immeuble, sauf l'argent, qui pourrait être détruit ou détérioré par le feu.

Assurance vie : elle consiste au paiement par l'assureur d'un capital ou d'une rente, en quantité, durée et dates déterminées par le contrat. Au décès du contractant, ses ayants cause ou une tierce personne peuvent, si le contrat le stipule, bénéficier de l'assurance.

Assurance de transport terrestre ou aérien : on assure le transport de toute sorte de marchandises contre tout genre de risques, quelle que soit la cause qui les provoque. Cependant, si la détérioration ou la destruction sont provoquées par des causes qui ne dépendent pas du transport, l'assureur ne répondra pas des dommages.

Assurance maritime : elle ne diffère pas fondamentalement de l'assurance terrestre ou aérienne, mais la quantité de marchandises transportées (le fret), la durée du transport, les risques courus, le capital immobilisé, etc. compliquent tellement les démarches que très souvent on a recours à un spécialiste, le courtier maritime.

Il existe beaucoup d'autres types d'assurances :
- assurance automobile
- assurance contre la grêle, l'inondation, les dommages nucléaires, etc.
- assurance à responsabilité civile.

El sistema tributario español relativo a las sociedades es tan complejo como el francés. Sin entrar en detalles, se puede distinguir lo que sigue :

• **impuesto de transmisiones patrimoniales :** las aportaciones financieras en el momento de la creación de la sociedad, o cuando se amplia el capital social, están sometidas a un impuesto del 3 %. A este impuesto, hay que añadir los honorarios del notario y los derechos cobrados por el registro mercantil.

• **impuesto sobre los beneficios :** a partir del balance, se determina el beneficio imponible y se le aplica un impuesto del 33 % si se trata de una sociedad limitada, del 35 % si se trata de una sociedad anónima.

• **licencia fiscal :** cualquier empresa ha de pagar un derecho fijo cuyo importe varía, para las empresas industriales, según la importancia de las instalaciones y maquinaria y, para las empresas comerciales, según la importancia de la ciudad donde están.

• **impuesto sobre el valor añadido (I.V.A.) :** en 1986, con el ingreso de España en la Comunidad Económica Europea y la aplicación del I.V.A., desaparecieron el impuesto sobre el tráfico de empresas (I.T.E.), el impuesto sobre el lujo, el impuesto especial sobre bebidas refrescantes y el impuesto de compensación de gravámenes interiores que se añadía a los aranceles en el caso de artículos importados.
El I.V.A. es un impuesto en cascada que grava el consumo y por lo tanto son los consumidores finales quienes lo soportan en su totalidad pero lo recaudan los empresarios o importadores actuando como meros intermediarios de la administración fiscal. Están sujetas al I.V.A. : las ventas de bienes, las prestaciones de servicios y las importaciones para igualarlas en precio a los productos equivalentes de fabricación nacional. Los tipos impositivos son tres : el tipo normal, 12%, el tipo reducido, 6% (productos y servicios básicos : alimentación, medicamentos, transportes, etc.) y el tipo alto, 33% (bienes de lujo, vehículos de motor, etc.). Se deben indicar en las facturas : el precio I.V.A. no incluido, el tipo del I.V.A. y el precio I.V.A. incluido.

Los comerciantes independientes, si su volumen de negocios anual no pasa de 50 millones de pesetas, pagan impuestos calculados sobre la base de una « estimación objetiva singular ». Estos comerciantes hacen una declaración simplificada de renta y efectúan un pago a cuenta semestral.

Le régime fiscal espagnol relatif aux sociétés est aussi complexe que le français. Grosso modo, on peut distinguer ce qui suit :

• *impôt sur les transmissions patrimoniales :* les apports financiers au moment de la création de la société, ou quand on augmente le capital social, sont soumis à un impôt de 3%. A cet impôt, il faut ajouter les honoraires du notaire et les droits perçus par le registre du commerce.

• *impôt sur les bénéfices :* à partir du bilan, on détermine le bénéfice imposable et on lui applique un impôt de 33% s'il s'agit d'une société à responsabilité limitée, de 35% s'il s'agit d'une société anonyme.

• *taxe professionnelle :* toute entreprise doit payer un droit fixe dont le montant varie, pour les entreprises industrielles, selon l'importance des installations et de l'outillage et, pour les entreprises commerciales, selon l'importance de la ville où elles sont installées.

• *taxe à la valeur ajoutée (T.V.A.) :* en 1986, avec l'entrée de l'Espagne dans la Communauté Économique Européenne et l'application de la T.V.A., l'impôt sur le chiffre d'affaires, l'impôt de luxe, l'impôt spécial sur les boissons rafraîchissantes et l'impôt de compensation des charges intérieures qui s'ajoutait aux droits de douane en cas d'articles importés, ont cessé d'exister.
La T.V.A. est un impôt en cascade qui frappe la consommation et, par conséquent, ce sont les consommateurs ultimes qui le supportent en totalité, mais il est perçu par les chefs d'entreprise ou les importateurs qui agissent en simples intermédiaires de l'administration fiscale. Sont assujetties à la T.V.A. : les ventes de biens, les prestations de services et les importations pour que leurs prix soient au même niveau que ceux des articles équivalents de fabrication nationale. Les taux d'imposition sont au nombre de trois : le taux normal, 12%, le taux réduit, 6% (produits et services de base : alimentation, médicaments, transports, etc.) et le taux majoré, 33% (biens de luxe, véhicules à moteur, etc.). On doit indiquer sur les factures : le prix hors taxes, le taux de T.V.A. et le prix toutes taxes comprises.

Les commerçants indépendants, si leur chiffre d'affaires ne dépasse pas 50 millions de pesètas, paient des impôts calculés sur la base d'une « évaluation forfaitaire ». Ces commerçants font une déclaration simplifiée de revenus et versent un acompte semestriel.

1. La police d'un contrat d'assurance devra contenir :
2. les noms de l'assureur et de l'assuré ;
3. la désignation et situation des objets assurés ;
4. les indications qui seront nécessaires pour déterminer la nature des risques ;
5. la somme à laquelle les objets de l'assurance sont évalués ;
6. la prime que l'assuré s'engage à régler ;
7. le mode de paiement, la date et le lieu où il doit se faire ;
8. la durée de l'assurance ;
9. le jour et l'heure à partir desquels prendra effet le contrat.
10. En cas de sinistre, l'assuré devra immédiatement en faire part à l'assureur.
11. Dans l'assurance incendie, si l'assuré tardait dans le paiement de la prime,
12. l'assureur pourrait résilier le contrat dans les quarante-huit heures.
13. Je viens de contracter une assurance tous risques pour ma belle-mère.
14. Au-delà de la date du paiement sera appliquée une majoration de 5%.
15. Le 15 février prend fin le délai pour présenter la déclaration des revenus.
16. Le 31 de ce mois est le dernier jour pour effectuer le troisième versement, à titre d'acompte sur l'exercice en cours.
17. Maintenant qu'il est passé dans la tranche supérieure, il paie plus d'impôts qu'avant.
18. L'une des réformes importantes de l'impôt sur le chiffre d'affaires a été l'introduction de la taxe à la valeur ajoutée (T.V.A.).
19. On peut régler l'impôt par chèque barré établi au nom du « Trésor public ».
20. L'application en Espagne de la taxe à la valeur ajoutée unifiera le régime fiscal européen.

1. La póliza de un contrato de seguro deberá contener :
2. los nombres del asegurador y asegurado ;
3. la designación y situación de los objetos asegurados ;
4. las indicaciones que sean necesarias para determinar la naturaleza de los riesgos ;
5. la suma en que se valúen los objetos del seguro ;
6. la prima que se obligue a satisfacer el asegurado ;
7. el modo del pago, la fecha y el lugar en que deba verificarse ;
8. la duración del seguro ;
9. el día y la hora desde que comienzan los efectos del contrato.
10. En caso de siniestro, el asegurado deberá participarlo inmediatamente al asegurador.
11. En el seguro contra incendios, si el asegurado demorase el pago de la prima,
12. el asegurador podría rescindir el contrato dentro de las cuarenta y ocho horas.
13. Acabo de contratar un seguro a todo riesgo para mi suegra.
14. Pasada la fecha del pago, se impondrá un recargo del 5%.
15. El día 15 de febrero termina el plazo para presentar la declaración sobre la renta.
16. El día 31 de este mes es el último día para efectuar el tercer ingreso, en concepto de pago a cuenta por el ejercicio en curso.
17. Ahora que ha pasado al tramo superior, paga más impuestos que antes.
18. Una de las reformas importantes del impuesto general sobre el tráfico de las empresas fue la introducción del impuesto sobre el valor añadido (I.V.A.).
19. Se puede pagar el impuesto por cheque cruzado extendido a favor del « Tesoro público ».
20. La aplicación en España del Impuesto sobre el valor añadido unificará el sistema tributario europeo.

los arbitrios	les taxes municipales
la base imponible	l'assiette de l'impôt
la cantidad a cuenta	l'acompte
cometer fraude	frauder
la contribución	l'impôt
el contribuyente	le contribuable
el cónyuge	le conjoint
la cuota tributaria	(le montant de) l'impôt
desembolsar	verser, débourser
la desgravación	le dégrèvement
determinación de la cuota	calcul de l'impôt
estimación objetiva singular	évaluation forfaitaire
exoneración de base	abattement à la base
forma de ingreso	modalité de paiement
formular la declaración por rentas	faire la déclaration de ses revenus
el gravamen	la charge, l'impôt
gravar con un impuesto	imposer
gravar las importaciones	imposer les importations
el impuesto concertado	le forfait
impuesto de lujo	taxe de luxe
impuesto sobre el patrimonio	impôt sur le patrimoine
impuesto sobre el tráfico de las empresas	impôt sur le chiffre d'affaires
impuesto sobre el valor añadido (I.V.A.)	taxe à la valeur ajoutée (T.V.A.)
impuesto sobre la renta	impôt sur les revenus
el ingreso a cuenta	l'acompte
la licencia fiscal	la taxe professionnelle
la liquidación	le solde
la notificación de liquidación de impuestos	l'avertissement, le rappel d'impôts
el pago a cuenta	l'acompte
la plusvalía	la plus-value
el prorrateo	le partage au prorata
el recargo	la majoration
la recaudación	le recouvrement
el recaudador	le percepteur d'impôts
recaudar	percevoir les impôts
la retención	la retenue
satisfacer	s'acquitter, régler
el sistema tributario	le régime fiscal
someter al impuesto	imposer
el tramo	la tranche

el acta adicional	l'avenant
el asegurado	l'assuré
el asegurador	l'assureur
la cancelación	l'annulation
el causahabiente	l'ayant cause
la claúsula	la clause
la claúsula adicional	l'additif
el contrato de seguro	le contrat d'assurance
cubrirse de un riesgo con un seguro	se couvrir d'un risque par une assurance
los daños	les dommages
daños y perjuicios	dommages et intérêts
el derechohabiente	l'ayant droit
el dictamen pericial	le rapport d'expertise
el echazón	le délestage du fret
estimar en	estimer à
el fallecimiento	le décès
fletar	fréter
la indemnización	l'indemnisation
naufragar	faire naufrage
el naufragio	le naufrage
la peritación	l'expertise
el perito	l'expert
la póliza	la police
la póliza adicional	l'avenant
la prima base	la prime de base
la rescisión	la résiliation
rescindir	résilier
el riesgo	le risque
el seguro a todo riesgo	l'assurance tous risques
seguro contra incendios	assurance incendie
seguro contra robo	assurance vol
seguro contra tercera persona	asurance au tiers
seguro de vida	assurance vie
seguro subsidiario	assurance complémentaire
el siniestro	le sinistre
el subsidio familiar	les allocations familiales
un tercero	un tiers
la valoración	l'évaluation
valorar en	évaluer à
valuar en	évaluer à
la valuación	l'évaluation
vencer	arriver à échéance
el vencimiento	l'échéance

XIII

SELECCIÓN DE UNA AGENCIA PUBLICITARIA

SÉLECTION D'UNE AGENCE DE PUBLICITÉ

A. Situaciones
- A 1. En busca de una agencia publicitaria
- A 2. Contactos con una agencia publicitaria

B. Documentación
- B 1. ¿ A quién se dirige la publicidad ?
- B 2. Fichero de frases
- B 3. Fichero de vocabulario
  La publicidad (A a I)

Guión

El director general de Pielujo ha decidido organizar una campaña publicitaria para lanzarse a la conquista del mercado latinoamericano. Pide a Manuel García que seleccione una agencia competente. Después de un estudio detenido, éste opta por la sociedad Publipan. Durante una primera entrevista, habla con un responsable de dicha agencia de los problemas planteados por esta operación.

Scénario

Le directeur général de Pielujo a décidé d'organiser une campagne publicitaire pour se lancer à la conquête du marché latino-américain. Il demande à Manuel Garcia de sélectionner une agence compétente. Après une étude approfondie, celui-ci opte pour la société Publipan. Au cours d'un premier entretien, il discute avec un responsable de cette agence des problèmes posés par cette opération.

Diálogo entre el director comercial de Pielujo y Manuel García.

Director : Manuel, quisiera que se encargara de algo muy importante : encontrar una agencia publicitaria capaz de lanzar nuestra nueva colección por los países latinoamericanos.

Manuel : No pienso que la agencia Miranda pueda hacerlo. No suelen trabajar en el extranjero y no tienen corresponsales allí.

D. Exactamente. Es imprescindible tener experiencia internacional. Conocer un mercado, sobre todo tan alejado y diferente, es tan importante como tener una mente creativa. No olvidemos tampoco el factor humano. Siempre fueron difíciles las relaciones con Mauricio Miranda y su equipo. Presumen de saberlo todo y obran siempre a su antojo sin dar cuenta a sus clientes.

M. Ud tiene razón. Empiezan a tener muy mala fama.

D. Le pido, pues, que haga una encuesta para seleccionar la agencia adecuada entre las que tienen experiencia a nivel internacional. Quisiera que entrara en contacto con todos los agentes publicitarios de este país para elegir el que más conviene a nuestras necesidades fundamentales. Hará falta que éste sea capaz de resolver todos los problemas que se plantean actualmente a nuestro departamento comercial en materia de publicidad, lo que implica que haya llevado a bien recientemente varias campañas similares. No vacile en pedirle que le comunique los informes de casos análogos. Por tratarse de un presupuesto importante, tendrá que presentar también las garantías financieras y morales suficientes. Además, es necesario que sepamos cuáles son los medios de control previstos para comprobar el cumplimiento de los compromisos y el rendimiento de la publicidad.

M. ¿ Cuál sería la extensión de mis responsabilidades ?

D. Ud lleva una responsabilidad completa y es mi único interlocutor en este asunto.

M. Muchas gracias. Me pongo a trabajar en el acto.

Dialogue entre le directeur général de Pielujo et Manuel Garcia

Directeur : Manuel, je voudrais que vous vous chargiez de quelque chose de très important : trouver une agence de publicité capable de lancer notre nouvelle collection dans les pays latino-américains.

Manuel : Je ne pense pas que l'agence Miranda puisse le faire. Ils n'ont pas l'habitude de travailler à l'étranger et n'ont pas de correspondants là-bas.

D. Exactement. Il est indispensable d'avoir une expérience internationale. Connaître un marché, surtout aussi éloigné et différent, est aussi important que d'avoir l'esprit créateur. N'oublions pas non plus le facteur humain. Les relations avec Maurice Miranda et son équipe ont toujours été difficiles. Ils croient tout savoir et n'en font qu'à leur tête sans rendre compte à leurs clients.

M. Vous avez raison. Ils commencent à avoir très mauvaise réputation.

D. Je vous demande donc de faire une enquête pour sélectionner l'agence adéquate parmi celles qui ont de l'expérience au niveau international. Je voudrais que vous preniez contact avec tous les agents publicitaires de ce pays pour choisir celui qui convient le mieux à nos besoins fondamentaux. Il faudra qu'il soit capable de résoudre tous les problèmes qui se posent actuellement à notre service commercial en matière de publicité, ce qui implique qu'il ait récemment mené à bien plusieurs campagnes similaires. N'hésitez pas à lui demander de vous communiquer les dossiers de cas analogues. Comme il s'agit d'un budget important, il devra aussi présenter les garanties financières et morales suffisantes. En outre, il est nécessaire que nous sachions quels sont les moyens de contrôle prévus pour vérifier l'exécution des engagements et le rendement de la publicité.

M. Quelle serait l'étendue de mes responsabilités ?

D. Votre responsabilité est totale et vous êtes mon seul interlocuteur dans cette affaire.

M. Merci beaucoup. Je me mets au travail séance tenante.

Manuel acaba de elegir la agencia Publipan y tiene una entrevista con el subdirector D. César Olmedo.

D. César : Me gustaría tener una documentación completa sobre su empresa. Necesito saberlo todo : su historia, sus productos, su mercado actual, sus competidores y su imagen de marca, así como los resultados relativos a las campañas publicitarias anteriores.

Manuel : Tenemos siete competidores europeos y norteamericanos bien implantados en América latina. Sin embargo, ninguno de ellos puede ofrecer artículos de calidad a precios tan competitivos como los nuestros. Los italianos tienen una situación envidiable desde hace tiempo y los franceses, que siguen dominando el comercio de lujo, ahora van interesándose por el conjunto del mercado. A pesar de todo, tenemos confianza en el porvenir ya que una encuesta realizada el año pasado por una revista profesional demuestra la existencia de una clientela potencial cada día más numerosa. Ud encontrará todos los datos en este expediente.

C. ¿ Han pensado ya en un programa publicitario ?

M. Todavía no. Contamos con Uds. De momento, sólo tenemos catálogos y folletos técnicos para nuestros detallistas.

C. No ignora que nuestra estrategia dependerá del blanco, ¿ compradores o intermediarios ?...

M. ... y de nuestro presupuesto.

C. ¡ Desde luego ! Pero, con el tiempo, las estrategias publicitarias pueden evolucionar debido a las modificaciones de los objetivos y a la actuación de la competencia. Nos hará falta primero una encuesta completa sobre el perfil de los futuros compradores en cada país : renta, profesión, edad, sexo, nivel de estudios y zona geográfica.

M. Debemos también tener en cuenta que ciertas naciones procuran aumentar su producción propia y que sus importaciones sólo suelen cubrir necesidades reales. Algunos países imponen aranceles muy importantes.

Manuel vient de choisir l'agence Publipan et a un entretien avec le sous-directeur M. César Olmedo.

D. César : J'aimerais avoir une documentation complète sur votre entreprise. J'ai besoin de tout savoir : son histoire, ses produits, son marché actuel, ses concurrents et leur image de marque, ainsi que les résultats relatifs aux campagnes publicitaires précédentes.

Manuel : Nous avons sept concurrents européens et nord-américains bien implantés en Amérique latine. Cependant, aucun ne peut offrir des articles de qualité à des prix aussi compétitifs que les nôtres. Les Italiens occupent une place de choix depuis longtemps et les Français, qui continuent à dominer le commerce de luxe, s'intéressent maintenant à l'ensemble du marché. Malgré tout, nous avons confiance en l'avenir puisqu'une enquête effectuée l'année dernière par une revue professionnelle démontre l'existence d'une clientèle potentielle de plus en plus nombreuse. Vous en trouverez toutes les données dans ce dossier.

C. Avez-vous déjà pensé à un programme publicitaire ?

M. Pas encore. Nous comptons sur vous. En ce moment, nous n'avons que des catalogues et des brochures techniques pour nos détaillants.

C. Vous n'ignorez pas que notre stratégie dépendra de la cible, acheteurs ou intermédiaires ?...

M. ... et de notre budget.

C. Bien sûr. Mais avec le temps les stratégies publicitaires peuvent évoluer en raison des modifications des objectifs et du comportement de la concurrence. Il nous faudra avant tout une enquête complète sur le profil des futurs acheteurs dans chaque pays : revenu, profession, âge, sexe, niveau d'études et zone géographique.

M. Nous devons aussi tenir compte du fait que certaines nations essaient d'augmenter leur propre production et que leurs importations ne couvrent généralement que les besoins essentiels. Quelques pays imposent des droits de douanes importants.

Los productos se presentan periódicamente con la etiqueta « nuevo », puesto que esta palabra es fácilmente traducible por « joven » y la mayor parte de las publicidades visuales tiene precisamente como protagonistas jóvenes esbeltos, sanos y bellos como los dioses del Olimpo.

No es un descubrimiento publicitario reciente. Desde hace tiempo, muchas empresas dirigen su política de promoción comercial hacia un segmento del mercado que denominan « jóvenes-adultos », es decir las personas que figuran en el ciclo vital comprendido entre los 20 y los 35 años. En esta edad es cuando se forman nuevos hogares con el gran consumo de bienes que esto supone : casas, muebles, electrodomésticos, cosméticos, vestidos, zapatos, alimentos, etc.

Si relacionamos esta presentación publicitaria con la afirmación de Schiller : « El hambre y el amor son las pasiones que mueven al mundo », habremos llegado de un modo lógico a descubrir las grandes líneas utilizadas, más o menos declaradamente, por la publicidad en la actualidad.

Contra la sensación del hambre está todo el tema de la ingestión real o figurada de alimentos y bebidas. Nuestras pantallas y nuestras revistas se llenan de jóvenes que comen, beben, fuman o mastican chicle.

Por otra parte, todo es bueno para el amor si se es joven (al menos para los publicistas) y por ello hay trajes, bañadores, zapatos, maquillajes, absolutamente « irresistibles ». Ciertos productos parecen aludir directamente al hecho del amor, como el « vodka Gavilonov » que quita la inocencia...

Otros productos sugieren ideas de poligamia, pues afeitándose con determinadas máquinas, podemos, según nos lo enseña la publicidad, aparecer rodeados de mujeres de ensueño ; o de poliandria, numerosos mensajes dedicados a la mujer, sobre todo en materia de maquillajes, le dan a entender que será cortejada por hombres atractivos.

Hace mucho tiempo que la industria cinematográfica había descubierto estas fórmulas o, al menos, parte de ellas. Según cálculos estadísticos, una película comercial de éxito suele tener un 30 % de amor, erotismo, besos y gran exhibición de piernas femininas ; un 20 % del tiempo suele transcurrir en ambientes lujosos en las cuales no faltan les bebidas alcohólicas, y hay como mínimo un 10 % de acción en coches de lujo.

Les produits sont présentés périodiquement avec l'étiquette « nouveau », puisque ce mot est facilement traduisible par « jeune » et que la plupart des publicités visuelles ont précisément pour protagonistes des jeunes gens sveltes, sains et beaux comme les dieux de l'Olympe.

Ce n'est pas une découverte publicitaire récente. Depuis longtemps, de nombreuses entreprises orientent leur politique de promotion commerciale vers un créneau du marché que l'on appelle « jeunes-adultes », c'est-à-dire les personnes qui figurent dans le cycle vital compris entre 20 et 35 ans. C'est à cet âge que se forment de nouveaux foyers avec la grande consommation de biens que cela suppose : maisons, meubles, électroménager, cosmétiques, vêtements, chaussures, aliments, etc.

Si nous comparons cette présentation publicitaire avec l'affirmation de Schiller : « La faim et l'amour mènent le monde », nous en serons arrivés à découvrir logiquement les grandes lignes utilisées, plus ou moins ouvertement, par la publicité à l'époque actuelle.

Contre la sensation de la faim il y a tout le thème de l'ingestion réelle ou figurée d'aliments et de boissons. Nos écrans et nos revues sont couverts de jeunes gens qui mangent, boivent, fument ou mâchent du chewing-gum.

D'autre part, tout est bon pour l'amour si l'on est jeune (du moins pour les agents de publicité) et pour cela il y a des vêtements, des maillots de bain, des chaussures, des maquillages, absolument « irrésistibles ». Certains produits semblent faire directement allusion au fait de l'amour, comme la « vodka Gavilanov » qui chasse l'innocence.

D'autres produits suggèrent des idées de polygamie, car en se rasant avec des rasoirs déterminés, nous pouvons, comme nous le montre la publicité, apparaître entourés par des créatures de rêve ; ou de polyandrie : de nombreux messages consacrés à la femme, surtout en matière de maquillage, lui laissent entendre qu'elle sera courtisée par des hommes séduisants.

Il y a longtemps que l'industrie cinématographique avait découvert ces formules ou, au moins, une partie d'entre elles. D'après des calculs statistiques, un film commercial à succès comporte généralement 30 % d'amour, d'érotisme, de baisers et une grande exposition de jambes féminines ; 20 % du temps s'écoule généralement dans des ambiances luxueuses où ne manquent pas les boissons alcoolisées, et il y a au minimum 10 % d'action dans des voitures de luxe.

1. La publicité permet de créer de nouveaux marchés et de conserver les anciens.
2. La partie de la population que l'on prétend atteindre s'appelle la « cible ».
3. Le choix des cibles doit précéder toutes les autres décisions.
4. La stratégie publicitaire fixe les cibles et les objectifs poursuivis.
5. Le choix des techniques publicitaires se fait en fonction de la cible et des objectifs.
6. Les distributeurs peuvent faire l'objet de programmes spéciaux de relations publiques.
7. On fait un gros effort quand il faut lancer un nouveau produit.
8. L'incitation à l'achat doit être claire et simple.
9. La mise en marche d'un programme exige d'abord l'estimation du budget.
10. Une bonne publicité rapporte beaucoup plus que ce qu'elle coûte.
11. C'est un moyen économique de mener à bonne fin une partie de l'effort de vente.
12. On ne pourrait pas vendre un article si le client éventuel ne le connaissait pas et ne le demandait pas.
13. L'image de marque d'un produit est déterminante dans le comportement des consommateurs.
14. Il est évident qu'il y a un rapport entre la notoriété d'une marque et l'achat.
15. Quel est l'impact de cette publicité ? A-t-elle été vue ou entendue, comprise et mémorisée ?
16. L'entreprise doit avoir des moyens de contrôle pour vérifier que l'agence respecte ses engagements.
17. Le service des relations publiques fait en sorte que l'entreprise soit mieux connue.
18. L'efficacité des démonstrations comme stimulant des ventes n'est plus à prouver.

1. La publicidad permite crear nuevos mercados y conservar los antiguos.
2. La parte de la población que se pretende alcanzar se llama el « blanco ».
3. La elección de los blancos tiene que preceder a todas las demás decisiones.
4. La estrategia publicitaria fija los blancos y los objetivos perseguidos.
5. La elección de las técnicas publicitarias se hace en función del blanco y de los objetivos.
6. Los distribuidores pueden ser objeto de programas especiales de relaciones públicas.
7. Se hace un gran esfuerzo cuando hay que lanzar un nuevo producto.
8. La incitación a la compra debe ser clara y sencilla.
9. La puesta en marcha de un programa exige primero la estimación del presupuesto.
10. Una buena publicidad da mucho más de lo que cuesta.
11. Es un medio económico de llevar a buen término una parte del esfuerzo de venta.
12. No se podría vender un artículo si el posible cliente no lo conociera y no lo pidiera.
13. La imagen de marca de un producto es determinante en el comportamiento de los consumidores.
14. Es evidente que hay una relación entre la fama de una marca y la compra.
15. ¿ Cuál es el impacto de esta publicidad ? ¿ Ha sido vista u oída, entendida y memorizada ?
16. La empresa ha de tener medios de control para comprobar que la agencia cumple con sus compromisos.
17. El departamento de relaciones públicas procura que se conozca más la empresa.
18. La eficacia de las demostraciones como incentivo de las ventas está de sobra probada.

la adhesión	l'adhésion
la agencia	l'agence
el alcance	la portée
alcanzar	atteindre
alquilar	louer
anticuado	périmé
el antojo	le caprice
el anuncio	l'annonce
apremiante	pressant, contraignant
aprovechar	profiter de, utiliser
el arrendamiento	la location, le bail
atraer	attirer
atrayente	attirant, alléchant
el auge	l'essor
el automatismo	l'automatisme
la azafata	l'hôtesse
el blanco	la cible
el bosquejo	le croquis
la brevedad	la brièveté
la campaña publicitaria	la campagne publicitaire
la carta circular	la (lettre) circulaire
el cartel	l'affiche
la caseta o el stand	le stand
el catálogo	le catalogue
el código	le code
la competencia	la concurrence
competitivo	concurrentiel
comprometerse	s'engager
el compromiso	l'engagement
la comunicación	la communication
concebir	concevoir
concurrir	concourir, assister
el concurso	le concours
el consejo	le conseil
el consumidor	le consommateur
el consumo	la consommation
el coste	le coût
la creación	la création
el cumplimiento	l'exécution
debido a	à cause de, par suite de
defraudar	tromper, décevoir
el delineante	le dessinateur industriel
la demanda	la demande
la demostración	la démonstration
el descubrimiento	la découverte

el desfase	le décalage
el desgaste	l'usure
el desglose de los gastos	la ventilation des frais
deslumbrar	éblouir, fasciner
difundir	répandre, propager
la eficacia	l'efficacité
la elección	le choix, l'élection
el embalaje	l'emballage
emprender	entreprendre
la encuesta	l'enquête
enfocar una solución	envisager une solution
el ensayo	l'essai
la enseñanza	l'enseignement
la entrevista	l'entretien, l'entrevue
el escaparate	la vitrine, la devanture
esmerado	soigné
el esquema	le schéma
estilarse	être en usage, à la mode
el estilo	le style
estimular	stimuler, inciter
la estrategia	la stratégie
el estudio de mercado	l'étude de marché
la exclusividad	l'exclusivité
el éxito	le succès
la fachada	la façade
fallar el golpe	manquer son coup
la fama	la renommée, la réputation
la feria de muestras	la foire-exposition
la financiación	le financement
el folleto	la brochure, la notice
fomentar	encourager, favoriser
el fondo de maniobra	le fonds de roulement
el fracaso	l'échec
los gastos	les frais, les dépenses
grabar	enregistrer, graver
gratuito	gratuit
la honradez	l'honnêteté
ilícito	illicite
la imagen de marca	l'image de marque
impreso (imprimir)	imprimé (imprimer)
el incentivo	le stimulant, l'attrait
incrementar	augmenter, accroître
la índole	le caractère, la nature
la influencia	l'influence
influir en	influer, influencer

XIV

PREPARACIÓN DE LA CAMPAÑA PUBLICITARIA

PRÉPARATION DE LA CAMPAGNE PUBLICITAIRE

Guión

D. César Olmedo, de la agencia Publipan, organizador de la campaña publicitaria latinoamericana de Pielujo, expone sus primeros proyectos a Manuel García. Le somete también el guión de una película publicitaria destinada a la televisión así como pruebas de anuncios y esloganes imaginados por Gloria Rodríguez, responsable de la creación.

Scénario

M. César Olmedo, de l'agence Publipan, organisateur de la campagne publicitaire latino-américaine de Pielujo, expose ses premiers projets à Manuel Garcia. Il lui soumet également le scénario d'un film publicitaire destiné à la télévision ainsi que des épreuves d'annonces et de slogans imaginés par Gloria Rodriguez, responsable de la création.

Organización de la campaña publicitaria

D. César Olmedo está elaborando la campaña publicitaria latinoamericana de Pielujo, secundado por Jesús Arrabal, responsable de los « medias », y por Gloria Rodríguez, responsable de la creación. Manuel García se entrevista con él para enterarse de la marcha de la preparación.

D. César : Esbozamos varios proyectos que le voy a presentar ahora.

Manuel : Muy bien, me gustaría saber lo que han podido realizar en tan poco tiempo.

C. Ya hemos seleccionado en cada país las radioemisoras más interesantes y el horario más adecuado para los mensajes radiados. Nuestro blanco lo constituyen las amas de casa, muchas no trabajan fuera, y las personas que van a sus quehaceres o que regresan a casa escuchando la radio en su coche. No olvidemos que allí también el tráfico se ha vuelto tremendo y que los atascos son numerosos.
Los spots televisivos serían programados en el momento más favorable, es decir entre el telediario y la emisión principal de la noche, sobre todo si se trata de una película o de un partido de fútbol.
Por otra parte, procuramos alquilar los espacios más interesantes para fijar carteles o vallas, tales como : avenidas céntricas, encrucijadas, estaciones, estadios, etc., sin olvidar los autobuses y otros medios de transporte.
Estamos también elaborando un programa de anuncios para revistas más especialmente destinadas al público femenino. Por lo que se refiere a los periódicos, tratándose de un blanco más amplio, planeamos algo más neutral, una propaganda más bien informativa.

M. ¿ Qué opina Ud de las ferias de muestras ?

C. Son un arma poderosa de la competencia internacional y un medio de publicidad eficaz : la mercancía se puede ver y manipular. Los fabricantes y los mayoristas encuentran en ellas una oportunidad para concluir contratos. Les aconsejaría participaran en las más importantes del continente como la de Caracas por ejemplo.

Organisation de la campagne publicitaire

M. César Olmedo est en train d'élaborer la campagne publicitaire latino-américaine de Pielujo, assisté de Jésus Arrabal, responsable des « medias », et par Gloria Rodriguez, responsable de la création. Manuel a un entretien avec lui pour s'informer des progrès de la préparation.

D. César : Nous avons ébauché plusieurs projets que je vais vous présenter maintenant.

Manuel : Très bien, j'aimerais savoir ce que vous avez pu réaliser en si peu de temps.

C. Nous avons déjà sélectionné dans chaque pays les stations radiophoniques les plus intéressantes et l'horaire le plus approprié pour les messages radiodiffusés. Notre cible est constituée par les maîtresses de maison, beaucoup ne travaillent pas à l'extérieur, et les personnes qui vaquent à leurs occupations ou qui retournent à la maison en écoutant la radio dans leur voiture. N'oublions pas que, là-bas aussi, la circulation est devenue épouvantable et que les embouteillages sont nombreux.
Les spots télévisés seraient programmés au moment le plus favorable, c'est-à-dire entre le journal et l'émission principale de la soirée, surtout s'il s'agit d'un film ou d'un match de football.
D'autre part, nous essayons de louer les espaces les plus intéressants pour y apposer des affiches ou des panneaux : avenues centrales, carrefours, gares, stades, etc., sans oublier les autobus et autres moyens de transport.
Nous sommes aussi en train de préparer un programme d'annonces pour des revues plus particulièrement destinées au public féminin. En ce qui concerne les quotidiens, comme il s'agit d'une cible plus vaste, nous envisageons quelque chose de plus neutre, une publicité plutôt informative.

M. Que pensez-vous des foires-expositions ?

C. Elles constituent une arme puissante dans la concurrence internationale et un moyen publicitaire efficace : la marchandise peut être vue et manipulée. Les fabricants et les grossistes y trouvent une occasion de conclure des contrats. Je vous conseillerais de participer aux plus importantes du continent comme, par exemple, celle de Caracas.

Guión de una película publicitaria

Primera parte

Imágenes : un joven alto, esbelto, con rostro y cuerpo perfectos, aparece meditando en la postura de yoga llamada de la prosperidad con un zapato en cada mano. Detrás de él, diáfana, se divisa una gran extensión montañosa y soleada.

Texto : cualquier asana, postura de yoga, puede garantizarle la flexibilidad para su cuerpo, pero hay un asana especialmente indicado para que sus pies se muevan libres y ágiles : el asana Pielujo.

Segunda parte

Imágenes : el mismo muchacho aparece vestido de « joven ejecutivo dinámico » andando de prisa por las calles de una gran ciudad, después entra en una oficina moderna y (primer plano sobre sus zapatos) sube corriendo unas escaleras.

Texto : Ponga sus pies en un par de zapatos Pielujo y ande..., suba..., corra... Pielujo es flexibilidad paso a paso.

XIV A 3 Anuncios y esloganes

Porque el cuero es más, el calzado Pielujo dura más y es más económico.

Para un hombre de clase : zapatos Pielujo.

Elija zapatos Pielujo por estas dos razones : por lo mucho que valen y por su justo precio. Pielujo, un lujo razonable.

Por cada par de zapatos, veinte controles técnicos en nuestros talleres.

Una labor bien hecha : calzado Pielujo.

Sólo la mano del hombre y la aguja logran hacer zapatos de calidad, zapatos Pielujo.

En lugar de « ¡ maravilloso ! », los franceses ahora dicen « c'est le pied ! » ; un « Pielujo » añadiría un español.

Las mujeres guapas han elegido Pielujo.

Première partie

Images : un jeune homme grand, svelte, au visage et au corps parfaits, apparaît en train de méditer dans la position du yoga dite de la prospérité, une chaussure dans chaque main. Derrière lui, diaphane, on aperçoit une grande étendue montagneuse et ensoleillée.

Texte : n'importe quel asana, position de yoga, peut vous garantir la plus grande souplesse pour votre corps, mais il y a un asana particulièrement indiqué pour que vos pieds se meuvent librement et avec agilité : l'asana Pielujo.

Deuxième partie

Images : le même garçon apparaît habillé à la manière d'un « jeune cadre dynamique » marchant rapidement dans les rues d'une grande ville, il entre ensuite dans un bureau moderne et (gros plan sur ses chaussures) monte des escaliers en courant.

Texte : mettez vos pieds dans une paire de chaussures Pielujo et marchez..., montez..., courez... Pielujo, c'est la souplesse à chaque pas.

XIV A 3 Annonces et slogans

Parce que rien ne vaut le cuir, les chaussures Pielujo durent plus longtemps et sont plus économiques.

Pour un homme de classe : chaussures Pielujo.

Choisissez des chaussures Pielujo pour deux raisons : leur grande valeur et leur juste prix. Pielujo est un luxe raisonnable.

Pour chaque paire de chaussures : vingt contrôles techniques dans nos ateliers.

Un travail bien fait : chaussures Pielujo.

Seules la main de l'homme et l'aiguille réussissent à fabriquer des chaussures de qualité, des chaussures Pielujo.

Au lieu de « merveilleux », les Français disent maintenant « c'est le pied » ; un « Pielujo » ajouterait un Espagnol.

Les jolies femmes ont choisi Pielujo.

La publicidad es un factor de competencia indispensable en economías de mercado. Ante todo, es una fuente de información para el consumidor, y tales informaciones contribuyen decisivamente a la libertad de la elección propia del pluralismo económico. Por otra parte, acelera el uso sicológico de los productos, contribuye a crear modas, e incita a la innovación creando continuamente nuevos campeones. Constantemente caen productos aparentemente inexpugnables y son sustituidos por otros, grandes y pequeños, pues la publicidad no es privativa de los gigantes.

La publicidad, al informar sobre las características de los productos y sus diferencias, ayuda a comprender los precios y a evitar situaciones de monopolio. En general la publicidad ahorra más que gasta. Se constata que las empresas menos eficaces se eliminaron del mercado más rápidamente cuando hay publicidad. No puede contemplarse aisladamente sino en el conjunto de todos los elementos del marketing : precio, promoción, márgenes comerciales... Como media representa sólo una veinteava parte de los costes de distribución y contribuye a disminuirlos pues « prevende », acelera la rotación de las existencias y reduce la intervención personal del vendedor.

Desde un punto de vista de economía global, la publicidad es más un efecto que una causa y por tanto no se le puede imputar la expansión o la recesión económica en general, puesto que ella no influye sobre las grandes cifras de la contabilidad nacional. La publicidad no puede, por consiguiente, evitar las crisis. Sin embargo, puede atenuar los efectos en algunas empresas concretas. Sería ridículo hacer a la publicidad responsable de la inflación, puesto que este fenómeno, tan complejo y unido a factores conyunturales y estructurales, es el resultado de políticas presupuestarias, monetarias y salariales, de factores como la producción, la distribución y los servicios, la evolución de las materias primas, el intercambio exterior y el movimiento de capitales.

En Europa, tras estudiar 108 marcas de 23 sectores durante 10 años, se ha llegado a las siguientes conclusiones :

1. **La publicidad influencia las decisiones de compra de los consumidores y tiene un efecto positivo sobre las ventas.**
2. **No afecta de manera decisiva la opinión del consumidor sobre la relación calidad-precios.**
3. **Por su efecto sobre las marcas rivales, pone en peligro situaciones adquiridas y refuerza la competencia.**

La publicité est un facteur de concurrence indispensable dans des économies de marché. Elle est, avant tout, une source de renseignements pour le consommateur, et de telles informations contribuent d'une façon décisive à la liberté de choix propre au pluralisme économique. D'autre part, elle accélère l'usage psychologique des produits, contribue à créer des modes et incite à l'innovation en créant sans cesse de nouveaux champions. Constamment, des produits apparemment imbattables disparaissent et sont remplacés par d'autres, grands et petits, car la publicité n'est pas l'apanage des géants.

La publicité, en informant sur les caractéristiques des produits et leurs différences, aide à comprendre les prix et à éviter des situations de monopole. En général la publicité économise plus qu'elle ne dépense. On constate que les entreprises les moins efficaces sont éliminées du marché plus rapidement quand il y a de la publicité. On ne peut pas la considérer isolément mais dans l'ensemble de tous les éléments du marketing : prix, promotion, marges commerciales... En moyenne, elle ne représente que la vingtième partie des coûts de distribution et elle contribue à les diminuer car elle « prépare à la vente », accélère la rotation des stocks et réduit l'intervention personnelle du vendeur.

Du point de vue de l'économie globale, la publicité est plus un effet qu'une cause et c'est pourquoi on ne peut pas lui imputer l'expansion ou la récession économique en général, puisqu'elle ne joue pas sur les grands chiffres de la comptabilité nationale. Par conséquent, la publicité ne peut pas éviter les crises. Elle peut cependant en atténuer les effets dans quelques entreprises précises. Il serait ridicule de rendre la publicité responsable de l'inflation, puisque ce phénomène, tellement complexe et relié à des facteurs conjoncturels et de structures, est le résultat de politiques budgétaires, monétaires et salariales, de facteurs comme la production, la distribution et les services, l'évolution des matières premières, les échanges extérieurs et le mouvement des capitaux.

En Europe, après avoir étudié 108 marques de 23 secteurs durant 10 ans, on est parvenu aux conclusions suivantes :

1. La publicité influence les décisions d'achat des consommateurs et a un effet positif sur les ventes.
2. Elle n'affecte pas de façon décisive le jugement du consommateur sur le rapport qualité-prix.
3. Par son effet sur les marques rivales, elle menace les situations acquises et renforce la concurrence.

1. La publicité essaie de créer un automatisme du choix et une augmentation des besoins.
2. Elle joue un rôle d'information en dépit des exagérations et des abus.
3. Les marques les plus renommées ont besoin d'une publicité constante pour conserver leur clientèle.
4. La radio, le cinéma et la télévision permettent de toucher un public nombreux.
5. Les affiches offrent une grande souplesse d'emploi et beaucoup de force de suggestion.
6. Les vitrines permettent de présenter de nouveaux produits d'une façon rapide et économique.
7. L'objectif du prospectus est de stimuler la demande d'un produit ou d'un service.
8. Les annonces accroissent le prestige de la marque et ouvrent de nouveaux marchés.
9. La publicité directe par courrier atteint des marchés plus petits, de façon plus économique.
10. Les catalogues satisfont le désir d'information du consommateur et contribuent au prestige de la marque.
11. Le but des foires-expositions est de transmettre des idées sur le produit qui aideront à le vendre.
12. Dans son stand, l'exposant doit mettre en valeur les caractéristiques et les avantages de son produit.
13. Des démonstrations efficaces peuvent être réalisées par la télévision en circuit fermé ou des diapositives.
14. Le produit doit avoir bon aspect, avec un emballage attrayant et une marque qui le caractérise.
15. A la fin d'une campagne, une publicité « de consolidation » peut être suffisante pour maintenir l'attention.
16. Les deux mots les plus efficaces que l'on peut utiliser dans une annonce sont « gratuit » et « nouveau ».
17. La publicité est un grand stimulant de l'économie et un antidote à la routine des marchés.

1. La publicidad trata de crear un automatismo de la elección y un aumento de las necesidades.
2. Desempeña un papel informativo a pesar de las exageraciones y de los abusos.
3. Las marcas más afamadas necesitan una publicidad constante para conservar su clientela.
4. La radio, el cine y la televisión permiten entrar en contacto con un público numeroso.
5. Los carteles ofrecen una gran flexibilidad de empleo y mucha fuerza de sugestión.
6. Los escaparates permiten presentar nuevos productos de manera rápida y económica.
7. La finalidad del prospecto es de estimular la demanda de un producto o de un servicio.
8. Los anuncios aumentan el prestigio de la marca y abren nuevos mercados.
9. La publicidad directa por medio de correo llega a mercados menores de forma más económica.
10. Los catálogos satisfacen el deseo de información del consumidor y contribuyen al prestigio de la marca.
11. El fin de las ferias de muestras es transmitir ideas sobre el producto que ayudarán a venderlo.
12. En su caseta, el expositor debe hacer resaltar las características y ventajas de su producto.
13. Demostraciones eficaces pueden realizarse por televisión en circuito cerrado o diapositivas.
14. El producto debe presentar buen aspecto, con un embalaje atractivo y una marca que lo distinga.
15. Al final de una campaña, una propaganda « de refuerzo » puede ser suficiente para mantener la atención.
16. Las dos palabras más eficaces que se pueden usar en un anuncio son « gratuito » y « nuevo ».
17. La publicidad es un gran estimulante de la economía y un antídoto contra la rutina de los mercados.

lanzar un producto	lancer un produit
la ley (de la oferta y la demanda)	la loi (de l'offre et de la demande)
la maqueta	la maquette
la marca	la marque
las masas	les masses
los « medias »	les medias
los medios audiovisuales	les moyens audio-visuels
los medios auditivos	les moyens auditifs
los medios visuales	les moyens visuels
el mensaje	le message
el mercado	le marché
el método	la méthode
el monopolio	le monopole
la muestra	l'échantillon
la necesidad	le besoin
el nivel	le niveau
las normas	les normes
el objetivo	l'objectif
la oportunidad	l'occasion
el pabellón (feria)	le pavillon (exposition)
la pantalla	l'écran
la película	le film
el periódico	le journal
el periodista	le journaliste
perjudicar	porter préjudice
la perspectiva	la perspective
el plan	le plan (projet)
planear	projeter, envisager
planificar	planifier
el plano	le plan (dessin)
plantear un problema	poser un problème
el pliego de condiciones	le cahier des charges
la población	la population
el poder adquisitivo	le pouvoir d'achat
el precio de coste	le prix de revient
el predominio	la prédominance
la prensa	la presse
prever	prévoir
el procedimiento	le procédé
profundizar	approfondir
el programa	le programme
la programación	la programmation
el promedio	la moyenne

la promoción de ventas	la promotion des ventes
propagar	divulguer, propager
proporcionar una información	fournir un renseignement
el propósito	l'intention, le dessein
la prospección	la prospection
el prospecto	le prospectus
proyectar	projeter, envisager
el proyecto	le projet
la prueba	l'épreuve (imprimerie)
la publicidad o la propaganda comercial	la publicité
radiar	radiodiffuser
la radioemisora	la station radiophonique
reactivar	relancer
las rebajas o los saldos	les soldes
el recorte de prensa	la coupure de presse
el reflejo condicionado	le réflexe conditionné
el regalo	le cadeau
las relaciones públicas	les relations publiques
la renovación	le renouvellement
la rentabilidad	la rentabilité
el requisito	la condition requise
la revista	la revue, le magazine
el rótulo	l'enseigne, le panonceau
la salida (posibilidad de venta)	le débouché
saturado	saturé
la seducción	la séduction
seleccionar	sélectionner
el semanario	l'hebdomadaire
el slogán o eslogán	le slogan
sondear (el sondeo)	sonder (le sondage)
el soporte publicitario	le support publicitaire
el surtido	l'assortiment
el telediario	le journal télévisé
el tema publicitario	le thème publicitaire
la temporada	la saison
el tópico	le cliché, le lieu commun
los trámites	les formalités
la ubicación	l'emplacement
el usuario	l'usager
la valla publicitaria	le panneau publicitaire
valorar	évaluer, estimer
vistoso	voyant
vitrina	vitrine intérieure

XV

LA INFORMÁTICA

L'INFORMATIQUE

A. Situaciones

A 1. El futuro de la informática
A 2. Presentación de un sistema informático

B. Documentación

B 1. La informática y las P.M.E.
B 2. Fichero de frases
B 3. Fichero de vocabulario

Guión

Se ha decidido la instalación de un ordenador en la sociedad Pielujo. Manuel García y su amiga Emilia Pardo, ingeniero en informática, hablan de los problemas actuales y del futuro de este sector punta. A continuación, ésta se entrevista con Ramón Cebrián, director administrativo, para presentarle un sistema informático adaptado a las necesidades de la empresa.

Scénario

Il a été décidé d'installer un ordinateur dans la société Pielujo. Manuel Garcia et son amie Emilia Pardo, ingénieur en informatique, discutent des problèmes actuels et de l'avenir de ce secteur de pointe. Ensuite, celle-ci a un entretien avec Ramon Cebrian, directeur administratif, pour lui présenter un système informatique adapté aux besoins de l'entreprise.

Emilia Pardo, ingeniero en informática
Manuel García, director de marketing

M.G. ¿ Realmente, los costos de las tecnologías de la informática se van reduciendo de tal forma que, dentro de poco, la van a utilizar en todas partes ?

E.P. El desarrollo tecnológico no ha llegado a su fin, ni mucho menos. En cuanto a la democratización de su producción, tengo mis dudas. Estamos hablando de unos productos que se caracterizan por dos componentes, lo que llamamos hardware o material y software. La disponibilidad de elementos físicos producidos muy baratos y en gran escala podría, teóricamente, capacitar a cualquier técnico o cualquier empresa con un grupo de técnicos a construir su propio ordenador. Lo que es ya más difícil imaginar es una simplificación en el campo del software cuya aplicación es cada vez más fácil para los clientes, pero cuya concepción es también más compleja y más costosa.

M.G. Otro tema interesante dentro del futuro de la informática : los especialistas en prospectivas hablan de que, muy pronto, la comunicación no verbal por línea telefónica será equivalente a la verbal.

E.P. Sí, se habla mucho de lo que se ha llamado la telemática. Está claro que el porvenir, tanto el de las comunicaciones como el de la informática, puede traer grandes cambios, dando lugar a nuevas aplicaciones en áreas difícilmente concebibles hoy día.

M.G. Parece que otro tema está también de moda. Como siguen subiendo los fabricantes de pequeños ordenadores hacia lo alto de la gama, llega un momento en que casi todo es mini-informática, o lo que se llama a veces maxi-minis, es decir, minis que son muy grandes. Cuentan que en la actualidad, en consecuencia, se venden pocos ordenadores grandes.

E.P. Si vemos el conjunto, es muy posible que la proporción en favor de los miniordenadores vaya a aumentar en el futuro. Sin embargo, el mercado va a crecer de tal forma que habrá cabida para todos : grandes, medianos o miniordenadores.

Emilia Pardo, ingénieur en informatique
Manuel Garcia, directeur de marketing

M.G. Est-il vrai que les coûts des technologies de l'informatique diminuent d'une telle façon que, dans peu de temps, on va l'utiliser partout ?

E.P. Le développement technologique n'est pas encore arrivé à son terme, loin de là. Quant à la démocratisation de sa production, j'en doute. Nous sommes en train de parler de produits qui sont caractérisés par deux composants, ce que nous appelons hardware ou matériel et software ou logiciel. La disponibilité d'éléments physiques produits à très bon marché et à grande échelle pourrait, théoriquement, permettre à n'importe quel technicien, ou à n'importe quelle entreprise disposant d'un groupe de techniciens, de construire son propre ordinateur. Il est déjà plus difficile d'imaginer une simplification dans le domaine du software dont l'application est de plus en plus facile pour les clients, mais dont la conception est aussi plus complexe et plus coûteuse.

M.G. Autre thème intéressant en ce qui concerne l'avenir de l'informatique : les spécialistes de la prospective disent que, très bientôt, la communication téléphonique non verbale sera équivalente à la communication verbale.

E.P. Oui, on parle beaucoup de ce que l'on a appelé la télématique. Il est évident que l'avenir, tant celui des communications que celui de l'informatique, peut amener de grands changements et donner lieu à de nouvelles applications dans des domaines difficilement concevables aujourd'hui.

M.G. Apparemment, un autre thème est aussi à la mode. Comme les fabricants de petits ordinateurs continuent à monter vers le haut de la gamme, il arrive un moment où presque tout est mini-informatique, ou ce que l'on appelle parfois maxi-minis, c'est-à-dire des minis qui sont très grands. On dit que, en conséquence, il se vend actuellement peu de grands ordinateurs.

E.P. Si nous considérons l'ensemble, il est très possible que la proportion en faveur des miniordinateurs augmente dans l'avenir. Cependant, le marché va croître d'une telle façon qu'il y aura de la place pour tous : grands, moyens et miniordinateurs.

Emilia Pardo, ingeniero en informática
Ramón Cebrián, director administrativo

R.C. El hecho de disponer de una contabilidad clara, actualizada y a un nivel apropiado de síntesis, nos garantiza cumplir, a su debido tiempo, con todas las obligaciones impuestas por la ley. Sobre todo, nos permite obtener en cada momento una fotografía muy nítida de los varios fenómenos que concurren a asegurar el éxito de la gestión. Por supuesto, todo esto exige mucho trabajo.

E.P. La introducción de nuestro sistema informático permitiría la automatización de un gran parte de dicho trabajo, con la seguridad de eliminar los errores manuales y de obtener, en cualquier momento, una visión clara y ordenada de su situación administrativa, librando además al personal de tareas repetitivas y haciendo posible su utilización para actividades más rentables.

R.C. ¿ Se elaboró en función del plan contable ?

E.P. Sí, todas las cuentas requeridas por el plan general de contabilidad están memorizadas en un soporte magnético (minidisco, floppy o disco).

R.C. ¿ Cómo se realiza un movimiento contable ?

E.P. Se guía el proceso por pantalla, de forma que cada dato queda visualizado, siendo posible su modificación o su eliminación antes de ser memorizado en el fichero de tránsito y de pasar luego al fichero de movimientos. Periódicamente, a elección del usuario, se confecciona el diario de movimientos contables.

R.C. ¿ Se pueden obtener extractos de cuentas ?

E.P. Como se dispone de un soporte magnético en el que están memorizados todos los movimientos contables, se podrán realizar en cualquier momento extractos de las cuentas corrientes y, mensualmente, se podrán confeccionar también balances de forma totalmente automática. Esta información puede obtenerse a través de la pantalla o en un documento impreso.

Clasificación práctica de los computadores según. S. Panza, transportista-repartidor :

Si hace falta una furgoneta para transportarlo se trata de un computador. Si lo pueden trasladar entre dos personas es un minicomputador y si lo puede llevar sólo una persona es un microcomputador.

Emilia Pardo, ingénieur en informatique
Ramon Cebrian, directeur administratif

R.C. Le fait de disposer d'une comptabilité claire, actualisée et à un niveau approprié de synthèse, nous garantit de remplir, en temps voulu, toutes les obligations imposées par la loi. Cela nous permet surtout d'obtenir à tout moment une photographie bien nette des différents phénomènes qui contribuent à assurer le succès de la gestion. Naturellement, tout cela exige beaucoup de travail.

E.P. L'introduction de notre système informatique permettrait l'automatisation d'une grande partie de ce travail, avec l'assurance d'éliminer les erreurs manuelles et d'obtenir, à tout moment, une vision claire et ordonnée de votre situation administrative, en dégageant, en outre, le personnel des tâches répétitives et en rendant possible son utilisation pour des activités plus rentables.

R.C. A-t-il été élaboré en fonction du plan comptable ?

E.P. Oui, tous les comptes requis par le plan comptable général sont mémorisés sur un support magnétique (minidisque, floppy ou disque).

R.C. Comment réalise-t-on un mouvement comptable ?

E.P. Le processus est guidé sur écran, de telle façon que chaque donnée est visualisée, sa modification ou son élimination étant possible avant qu'elle ne soit mémorisée dans le fichier de manœuvre pour passer ensuite au fichier de mouvements. Périodiquement, au choix de l'usager, on confectionne le journal des mouvements comptables.

R.C. Peut-on obtenir des extraits de comptes ?

E.P. Comme l'on dispose d'un support magnétique sur lequel sont mémorisés tous les mouvements comptables, on pourra réaliser à tout moment des extraits de comptes courants et, mensuellement, on pourra aussi confectionner des bilans d'une façon entièrement automatique. Cette information pourra être obtenue par l'intermédiaire de l'écran ou sur un document imprimé.

Classification pratique des ordinateurs selon S. Panza, transporteur-livreur :

S'il faut une fourgonnette pour le transporter il s'agit d'un ordinateur, si deux personnes peuvent le déplacer c'est un mini-ordinateur et si une personne toute seule peut le porter c'est un micro-ordinateur.

Si en teoría todas las tareas que llevan a cabo las PYMES (pequeñas y medianas empresas) pueden ser consideradas diferentes entre sí, en la práctica no es exacto. Distingamos simplemente las principales operaciones clásicas : pagos, contabilidad general, contabilidad analítica, facturación, estadística, gestión comercial, control presupuestario, control de existencias, cuentas de clientes, y otras menos corrientes y más específicas, como puede ser la gestión de producción. Las primeras se hacen, de una u otra forma, en cualquier tipo de PYMES.

Como norma general, todo trabajo clásico de gestión es fácilmente informatizable. Existen programas estándar que sin dificultad se adaptan a cada empresa (por ejemplo las nóminas y la facturación). Otras aplicaciones requieren ciertos retoques, como el control de existencias o la misma contabilidad.

El criterio de la rentabilidad de la informatización suele determinarse en función del número de empleados. Habría que añadir el volumen de papeles o informes que se manejan. Está claro que, con el mismo número de empleados, la contabilidad, la facturación, el control de existencias, etc., dependen del tipo de actividad.

Un buen enfoque al tema será el tener en cuenta las diversas tareas, determinando la masa de datos que generan. El mejor candidato a una urgente informatización será el que genere mayor cantidad de datos. Su umbral de acceso a la informática estaría, pues, en función de la saturación manual, que lleva necesariamente consigo un deterioro del rendimiento y del servicio prestado.

A la hora de elegir un sistema u otro, la P.M.E.* se encontrará tal vez con el hecho de la proliferación aparentemente enorme de los medianos y microordenadores. No sólo pueden variar sus orígenes sino también su concepción. Pero esta profusión en un mercado en aumento constante oculta una verdad relativamente sencilla : su rendimiento suele ser parecido. Con tal que se adapte a las necesidades específicas, sólo queda por librar la batalla de los precios en esta democratización de la informática.

Por lo que se refiere a la asistencia técnica hay dos etapas muy definidas : antes y después de la instalación del ordenador : antes de la instalación es fundamental contar con la ayuda y formación de los analistas, programadores y técnicos en general. La asistencia posterior se refiere a la colaboración del constructor con el personal de la empresa para llevar a cabo nuevas ampliaciones y aplicaciones.

* Pequeña empresa.

Si en théorie toutes les tâches effectuées par les P.M.E. (petites et moyennes entreprises) peuvent être considérées comme différentes entre elles, dans la pratique il n'en est pas ainsi. Considérons simplement les principales opérations classiques : règlements, comptabilité générale, comptabilité analytique, facturation, statistique, gestion commerciale, contrôle budgétaire, contrôle des stocks, comptes de clients, et d'autres moins courantes et plus spécifiques telles que la gestion de production. Les premières se font, d'une façon ou d'une autre, dans n'importe quel type de P.M.E.

En règle générale, tout travail classique de gestion est facilement informatisable. Il y a des programmes standard qui s'adaptent sans difficulté à chaque entreprise (par exemple les feuilles de paie et la facturation). D'autres applications exigent certaines retouches, comme le contrôle des stocks ou la comptabilité elle-même.

Le critère de rentabilité de l'informatisation est généralement déterminé en fonction du nombre d'employés. Il faudrait y ajouter le volume des papiers ou des rapports que l'on brasse. Il est évident qu'avec un même nombre d'employés, la comptabilité, la facturation, le contrôle des stocks, etc. dépendent du type d'activité.

Une bonne façon d'envisager le problème consistera à tenir compte des différentes tâches, en déterminant la masse de données qu'elles créent. Le meilleur candidat à une informatisation urgente sera celui qui produit la plus grande quantité de données. Son seuil d'accès à l'informatique serait donc fonction de la saturation manuelle, qui entraîne nécessairement une détérioration du rendement et du service rendu.

Au moment de choisir un système ou un autre, la P.M.E. se trouvera peut-être confrontée à la prolifération apparemment énorme des moyens et des micro-ordinateurs. Non seulement leurs origines peuvent varier mais aussi leur conception. Mais cette profusion sur un marché en expansion constante dissimule une vérité relativement simple : leur rendement est généralement semblable. A condition de s'adapter aux besoins spécifiques, il ne reste plus qu'à livrer la bataille des prix dans cette démocratisation de l'informatique.

En ce qui concerne l'assistance technique il y a deux étapes bien définies : avant et après l'installation de l'ordinateur. Avant l'installation il est fondamental de compter sur l'aide et la formation des analystes, programmateurs et techniciens en général. L'assistance postérieure se rapporte à la collaboration du constructeur avec le personnel de l'entreprise pour mener à bonne fin de nouvelles extensions et applications.

1. Un ordinateur est constitué par des organes d'entrée, une unité centrale et des organes de sortie.
2. L'unité centrale est composée d'un processeur associé à une mémoire principale.
3. Il est capable de réaliser le traitement (classification, opérations arithmétiques et logiques, comparaison) d'une information.
4. Depuis chaque terminal, doté d'un clavier de machine à écrire, on peut adresser un programme à l'ordinateur.
5. Le programme est l'ensemble des instructions qui sont données à un ordinateur.
6. Pour dialoguer avec l'ordinateur, on a créé des langages tels que le Fortran, l'Algol ou le Cobol.
7. L'utilisation d'un ordinateur impose la présence à tous les niveaux de techniciens qualifiés : ingénieurs, analystes, programmateurs et opérateurs.
8. Lorsque plusieurs usagers emploient alternativement un ordinateur, ils travaillent en temps partagé.
9. Si plusieurs unités centrales utilisent en même temps une mémoire de grande capacité, il s'agit de ce qu'on appelle la multiprogrammation.
10. On utilise des ordinateurs pour simuler « en temps réel » les processus de fabrication industrielle.
11. La télématique résulte de la symbiose des télécommunications et de l'informatique.
12. Plusieurs banques de données ont été installées unissant des milliers de terminaux dans les grands magasins.
13. Ce système permet l'identification instantanée des cartes de crédit.
14. Durant la journée, dans les banques, les microprocesseurs peuvent réaliser toutes les transactions normales.
15. Pendant la nuit, ils préparent les schémas de la journée suivante, confectionnent les fiches de paie, etc.
16. Le progrès industriel a fini par libérer l'homme de la synchronisation avec la machine.

1. Un ordenador está constituido por órganos de entrada, una unidad central y órganos de salida.
2. La unidad central se compone de un procesador asociado a una memoria principal.
3. Es capaz de realizar el tratamiento (clasificación, operaciones aritméticas y lógicas, comparación) de una información.
4. Desde cada terminal, dotado de un teclado de máquina de escribir, se puede dirigir un programa al ordenador.
5. El programa es el conjunto de las instrucciones que se dan a un ordenador.
6. Para dialogar con el ordenador se crearon lenguajes tales como el Fortran, el Algol o el Cobol.
7. La utilización de un ordenador impone la presencia a todos los niveles de técninos calificados : ingenieros, analistas, programadores y operadores.
8. Cuando varios usuarios emplean alternativamente un ordenador trabajan en tiempo compartido.
9. Si varias unidades centrales utilizan al mismo tiempo una memoria de gran capacidad, se trata de lo que se llama la multiprogramación.
10. Se utilizan ordenadores para simular « en tiempo real » los procesos de fabricación industrial.
11. La telemática resulta de la simbiosis de las telecomunicaciones y de la informática.
12. Varios bancos de datos han sido instalados uniendo miles de terminales en grandes almacenes.
13. Este sistema permite la identificación instantánea de las tarjetas de crédito.
14. Durante el día, en banca, los microprocesadores pueden realizar todas las transacciones normales.
15. Por la noche, preparan los esquemas del día siguiente, confeccionan las nóminas, etc.
16. El progreso industrial ha terminado por liberar al hombre de su sincronización con la máquina.

Les termes de la langue américaine fréquemment utilisés en informatique ne sont pas répertoriés ici.

el analista	l'analyste
el banco de datos	la banque de données
binario	binaire
el calculador digital	le calculateur digital
la calculadora	la calculatrice
la capacidad de almacenamiento	la capacité de stockage
el carrete, la bobina	la bobine
la centralización	la centralisation
el cerebro	le cerveau
la cinta magnética	la bande magnétique
la cinta perforada	la bande perforée
el circuito integrado	le circuit intégré
clasificar	classer
el compilador	le compilateur
los componentes	les composants
el computador	le calculateur, l'ordinateur
conectar	connecter, brancher
la conexión	la connexion
la consola de visualización	le pupitre de visualisation
el control	le contrôle
el diagrama	le diagramme
el dígito	le digit (chiffre simple)
el disco	le disque
el eje	l'axe
la electrónica	l'électronique
el equipo	l'équipement ; l'équipe
el fichero	le fichier
la función	la fonction
la gestión	la gestion
el impreso	l'imprimé
la impresora	l'imprimante
la investigación	la recherche
el lector óptico	le lecteur optique
el lenguaje	le langage
la librería	la librairie
el listado	le « listing » ou listage
el lote	le lot
manejar	manœuvrer, utiliser

el material	le matériel (hardware)
la memoria	la mémoire
el microordenador	le micro-ordinateur
el microprocesador	le microprocesseur
el miniordenador	le miniordinateur
el modem	le modem (modulateur, démodulateur)
el modulo	le module
el monitor	le moniteur
el multiprocesador	le multiprocesseur
la multiprogramación	la multiprogrammation
el octeto	l'octet
el operador	le pupitreur
el ordenador	l'ordinateur
el organigrama	l'organigramme
los órganos de entrada	les organes d'entrée
los órganos de salida	les organes de sortie
la pantalla	l'écran
la perforadora	la perforatrice
la potencia	la puissance
procesar	traiter
el proceso de datos	le traitement des données
el programa	le programme
el programador	le programmateur
la red	le réseau
el satélite	le satellite
la secuencia	la séquence
el semiconductor	le semiconducteur
la simulación	la simulation
el software	le logiciel (software)
el soporte	le support
el supervisor	le superviseur
la tarjeta perforada	la carte perforée
el teclado	le clavier
la técnica	la technique
la tecnología	la technologie
la telemática	la télématique
el teleproceso	le télétraitement
el terminal	le terminal
en tiempo compartido	en temps partagé
en tiempo real	en temps réel
el tratamiento de la información	le traitement de l'information
la unidad central	l'unité centrale
la unidad periférica	l'unité périphérique
visualizar	visualiser

XVI

LA CONTABILIDAD

LA COMPTABILITÉ

Guión

No se concibió este capítulo para desempeñar el papel de un manual de contabilidad. Sólo tiene por objeto permitir que el no especialista se familiarice con la realidad contable española.
Por otra parte, nuestras fuentes fueron documentos españoles auténticos y el código de comercio. No se extrañará el lector, entonces, de encontrar situaciones o disposiciones inhabituales ; por ejemplo, en el capítulo III del código de comercio, que trata de los libros obligatorios de los comerciantes y de las sociedades mercantiles, aparece el « libro de actas » (artículo 33).
Que no se sorprenda tampoco el lector de descubrir traducciones francesas alejadas del original español : las diferencias, a veces profundas, de concepción hacen que, en ciertos casos, hemos utilizado en francés correspondencias bastante aproximadas.

Scénario

Ce chapitre n'a pas été conçu pour remplir le rôle d'un manuel de comptabilité. Il n'a pour objet que de permettre au non-spécialiste de se familiariser avec la réalité comptable espagnole.
Par ailleurs, nos sources ont été des documents espagnols authentiques et le code de commerce. Le lecteur ne s'étonnera donc pas de trouver des situations ou des dispositions inhabituelles ; par exemple, dans le chapitre III du code de commerce, qui traite des livres obligatoires des commerçants et des sociétés commerciales, figure le « registre des procès-verbaux » (article 33).
Que le lecteur ne soit pas surpris non plus de découvrir des traductions françaises éloignées de l'original espagnol : les différences, parfois profondes, de conception font que, dans certains cas, nous avons utilisé en français des correspondances assez approximatives.

¿ Para qué sirve la contabilidad ?

El meritorio Serafín, el jefe de contabilidad Oña :

O. Bueno, ya sabrá que la contabilidad registra en sus diferentes libros todas las operaciones de la empresa, sin excepción alguna.

S. Pues, sí, lo sé, pero, ¿ para qué sirve ?

O. Para conocer la situación financiera de la empresa en cualquier momento y así facilitar la toma de decisiones, ¿ entiende ?

S. Bueno, creo que sí.

O. Es que el movimiento de las operaciones cotidianas es tal que el dinero disponible puede variar mucho, y entonces, no es posible invertir capitales en algo sin saber con precisión si es realizable la operación proyectada.

S. ¡ Ah ! sí, ahora me parece claro.

O. Sepa también que sirve para establecer estadísticas, determinar los precios de coste, comparar niveles de rentabilidad, etc.

S. Y prácticamente, ¿ cómo se lleva la contabilidad ?

O. Eso es más complicado. Sin entrar en detalles, hay que distinguir la contabilidad en partida simple que casi ya no se practica, y la contabilidad en partida doble. Este último sistema consiste en asentar simultáneamente en los libros dos cuentas : a la del « debe » corresponde necesariamente la del « haber ».

S. Pero, ¿ por qué este doble asiento ?

O. Permite darnos cuenta inmediata y exactamente de la situación financiera de la empresa al confrontar el activo y el pasivo.

S. ¿ Qué es esto de pasivo y de activo ?

O. El activo está constituido por los valores inmovilizados y el activo circulante ; el pasivo, por el capital, las reservas y las deudas.

S. ¡ Qué complicado ! ¿ Qué son los valores inmovilizados y el activo circulante ?

O. Los valores inmovilizados son las instalaciones de la empresa, la maquinaria, el mobiliario, etc. ; el activo circulante son las existencias, lo que deben los clientes, el dinero de caja y el que está en el banco.

S. ¿ Cuándo se hace el balance ?

O. El código de comercio obliga a hacerlo una vez al año.

S. Bueno, ¿ podría ver libros de contabilidad ?

Le stagiaire Séraphin, le chef-comptable Oña :

O. Bien, vous devez déjà savoir que la comptabilité enregistre dans ses différents livres toutes les opérations de l'entreprise, sans aucune exception.

S. Bien sûr, oui, je le sais, mais à quoi cela sert-il ?

O. A connaître la situation financière de l'entreprise à n'importe quel moment et ainsi à faciliter la prise de décision, vous comprenez ?

S. Bah ! je crois que oui.

O. C'est que le mouvement des opérations quotidiennes est tel que l'argent disponible peut varier beaucoup, et alors, il n'est pas possible d'engager des capitaux dans quelque chose sans savoir précisément si l'opération envisagée est réalisable.

S. Ah ! oui, maintenant ça me paraît clair.

O. Sachez également qu'elle sert à établir les statistiques, à déterminer les prix de revient, à comparer des niveaux de rentabilité, etc.

S. Et pratiquement, comment tient-on la comptabilité ?

O. C'est plus compliqué. Sans entrer dans les détails, il faut distinguer la comptabilité en partie simple qui ne se pratique presque plus et la comptabilité en partie double. Ce dernier système consiste à inscrire simultanément dans les livres deux comptes : au compte du « débit » correspond nécessairement celui du « crédit ».

S. Mais, pourquoi cette double écriture ?

O. Elle nous permet de nous rendre compte immédiatement et exactement de la situation financière de l'entreprise en confrontant l'actif et le passif.

S. Qu'est-ce que c'est que cette histoire de passif et d'actif ?

O. L'actif est constitué par les valeurs immobilisées et l'actif circulant ; le passif, par le capital, les réserves et les dettes.

S. Ce que c'est compliqué ! Que sont les valeurs immobilisées et l'actif circulant ?

O. Les valeurs immobilisées sont les installations de l'entreprise, les machines, le mobilier, etc. ; l'actif circulant, ce sont les stocks, ce que doivent les clients, l'argent de caisse et celui qui est à la banque.

S. Quand fait-on le bilan ?

O. Le code de commerce oblige à le faire une fois par an.

S. Bien, pourrais-je voir des livres de comptabilité ?

El balance (esquematizado)

ACTIVO

INMOVILIZADO

Material
- terrenos y edificios
- maquinaria y utillaje
- elementos de transporte
- mobiliario y enseres
  menos amortización

Inmaterial
- concesiones
- fondo de comercio
- derechos de traspaso
  menos amortización

Financiero
- títulos cotizados
- títulos no cotizados
- préstamos a plazo largo
- préstamos a plazo medio

Gastos amortizables de
- constitución
- primer establecimiento
- ampliación de capital

EXISTENCIAS
- mercaderías
- productos terminados
- productos en curso
- materias primas
- embalajes y envases

DEUDORES
- clientes
- anticipos a proveedores
- efectos a cobrar
- deudores diversos

CUENTAS FINANCIERAS
- préstamos a corto plazo
- fondos públicos
- caja y bancos

PASIVO

CAPITAL Y RESERVAS
- capital social
- reservas legales
- reservas estatutarias
- reservas voluntarias
- remanente

SUBVENCIONES EN CAPITAL
- subvenciones oficiales
- otras subvenciones

DEUDAS A PLAZOS LARGO Y MEDIO
- préstamos a plazo largo
- préstamos a plazo medio
- acreedores a plazo largo
- acreedores a plazo medio

DEUDAS A PLAZO CORTO
- proveedores
- acreedores diversos
- efectos a pagar
- anticipos de clientes
- préstamos a plazo corto
- hacienda pública
- seguridad social

RESULTADOS
- pérdidas y ganancias

ACTIF

VALEURS IMMOBILISÉES

Corporelles
- terrains et constructions
- matériel et outillage
- matériel de transport
- matériel de bureau
  moins amortissement

Incorporelles
- concessions
- fonds de commerce
- droit au bail
  moins amortissement

Financières
- titres cotés
- titres non cotés
- prêts à long terme
- prêts à court terme

Frais d'établissement
- constitution
- premier établissement
- augmentation de capital

VALEURS D'EXPLOITATION
- marchandises
- produits finis
- produits en cours
- matières premières
- emballage et conditionnement

VALEURS RÉALISABLES
- clients
- avances aux fournisseurs
- effets à recevoir
- débiteurs divers

COMPTES FINANCIERS
- prêts à court terme
- fonds publics
- caisse et banques

PASSIF

CAPITAL ET RÉSERVES
- capital social
- réserves légales
- réserves statutaires
- réserves facultatives
- report à nouveau

SUBVENTIONS EN CAPITAL
- subventions officielles
- autres subventions

DETTES A LONG ET MOYEN TERME
- emprunts à long terme
- emprunts à moyen terme
- créditeurs à long terme
- créditeurs à moyen terme

DETTES A COURT TERME
- fournisseurs
- créditeurs divers
- effets à payer
- avances de clients
- emprunts à court terme
- Trésor public
- Sécurité sociale

RÉSULTATS
- pertes et profits

La contabilidad consiste en el asiento de todas las cuentas de una empresa. La teneduría de libros, que incumbe al tenedor bajo la responsabilidad del jefe del servicio, permite determinar las posibilidades de la empresa.
Se puede llevar por diferentes procedimientos. Los más importantes son la contabilidad por decalco, por mecanización elemental, por tarjetas perforadas y por computadores.
Cualquier comerciante ha de llevar varios libros :

el diario : en este libro se consignan todos los hechos contables, en el orden mismo en que se verifican.

el libro mayor : es el libro en que, a partir del diario, se clasifican todas las operaciones por cuentas que se determinan por su origen (haber) o su destino (debe). Con el mayor, se puede establecer los balances, conocer con exactitud la situación financiera y captar la evolución de los diferentes movimientos comerciales de la empresa.

el libro de inventarios : contiene la relación del dinero disponible, créditos, efectos a cobrar, valores, mercaderías, bienes muebles e inmuebles, o sea lo que constituye el activo ; y la relación de las deudas contraídas, los gastos pendientes de pago, o sea lo que aparece en el pasivo. Dice el código de comercio que este libro « se abrirá con el balance inicial detallado de la empresa. Al menos trimestralmente, se transcribirán, con sumas y saldos, los balances de comprobación ».
Una vez al año, el comerciante o el empresario han de efectuar el balance general de sus negocios.

el libro de actas : las sociedades tienen la obligación de llevar un libro en el que aparecen todas las decisiones relativas a la marcha de la empresa y los acuerdos adoptados por las juntas generales.
Aunque no son obligatorios, se llevan otros libros de contabilidad llamados libros auxiliares o múltiples, entre ellos : el libro auxiliar de caja y bancos, de clientes, de proveedores, de existencias, etc.
Estos documentos se conservan durante cinco años.

El comerciante tiene que presentar estos libros a las Autoridades municipales para que sean legalizados. Se estampará además en todas las hojas de cada libro el sello de dicha Autoridad.

La comptabilité consiste dans l'écriture de tous les comptes d'une entreprise. La tenue de livres, qui incombe au comptable sous la responsabilité du chef de service, permet de déterminer les possibilités de l'entreprise.
Elle peut être tenue selon différents procédés. Les plus importants sont la comptabilité par décalque, par machine-comptable, par cartes perforées et par ordinateurs.
Tout commerçant doit tenir plusieurs livres :

le journal : dans ce livre, sont consignés tous les faits comptables, dans l'ordre même où ils ont lieu ;

le grand livre : c'est le livre dans lequel, à partir du journal, sont classées toutes les opérations par comptes, qui sont déterminées en fonction de leur origine (avoir) ou de leur destination (débit). Avec le grand livre, on peut établir les bilans, connaître avec exactitude la situation financière et saisir l'évolution des différents mouvements commerciaux de l'entreprise ;

le livre d'inventaires : il contient la relation de l'argent disponible, des créances, des effets à percevoir, valeurs, marchandises, biens meubles et immeubles, c'est-à-dire ce qui constitue l'actif ; et la relation des dettes contractées, des dépenses en attente de paiement, c'est-à-dire ce qui apparaît au passif. Le code de commerce dit que ce livre « s'ouvrira par le bilan initial détaillé de l'entreprise. Au moins une fois par trimestre, les bilans de vérification y seront transcrits, avec totaux et soldes ».
Une fois par an, le commerçant ou le chef d'entreprise doivent dresser le bilan général de leurs affaires ;

le livre des procès-verbaux : les sociétés ont l'obligation de tenir un livre où apparaissent toutes les décisions concernant la marche de l'entreprise et les accords adoptés par les assemblées générales.
Bien qu'ils ne soient pas obligatoires, d'autres livres de comptabilité sont tenus, appelés livres auxiliaires ; parmi eux : le livre auxiliaire de caisse et des banques, de clients, de fournisseurs, de stocks, etc.
Ces documents sont conservés pendant cinq ans.

Le commerçant doit présenter ces livres aux Autorités municipales pour qu'ils soient légalisés. On apposera en outre sur toutes les feuilles de chaque livre le cachet de cette Autorité.

1. La colonne de gauche est celle du débit.
2. La colonne de droite est celle du crédit.
3. Le solde est la différence entre le débit et le crédit d'un compte.
4. A la fin de l'exercice, on effectue le bilan.
5. Un commissaire aux comptes contrôle l'exactitude des comptes de la société.
6. A la fin de la journée, le caissier vérifie sa caisse.
7. L'inventaire de la caisse est la vérification de l'argent qui s'y trouve.
8. L'amortissement reflète dans la comptabilité le processus de dépréciation.
9. Tout commerçant doit tenir une comptabilité ordonnée et adaptée à son activité commerciale.
10. Le livre d'inventaire enregistre chaque année l'inventaire ainsi que le bilan de l'exercice et le compte des résultats.
11. Le journal recueille jour par jour toutes les opérations relatives à l'activité de l'entreprise.
12. Dans tout fait comptable il y a un débiteur pour le montant de l'opération et un créditeur de la même somme.
13. Il y a obligation de conserver les livres, la correspondance, les documents et les justificatifs relatifs à un commerce pendant cinq ans.
14. Le bilan et le compte des résultats reflètent la situation de l'entreprise et les bénéfices obtenus ou les pertes subies pendant l'exercice.
15. Le compte des résultats doit exprimer le volume brut des opérations réalisées.
16. « Le commerçant devra tenir ses livres avec clarté, par ordre de dates, sans blancs, interpolations, grattages ni ratures, et sans présenter de signes d'avoir été altérés, en remplaçant ou en arrachant les folios, ou d'une quelconque autre façon » (code du commerce).

1. La columna izquierda es la del debe.
2. La columna derecha es la del haber.
3. El saldo es la diferencia entre el debe y el haber de una cuenta.
4. A fines del ejercicio, se efectúa el balance.
5. Un censor jurado de cuentas comprueba la exactitud de las cuentas de la sociedad.
6. Al terminar el día, el cajero hace el arqueo.
7. El arqueo es el recuento del dinero que está en la caja.
8. La amortización refleja en la contabilidad el proceso de depreciación.
9. Todo comerciante debe llevar una contabilidad ordenada y adecuada a su actividad mercantil.
10. El libro de inventarios registra cada año el inventario así como el balance de ejercicio y la cuenta de resultados.
11. El libro diario recoge día a día todas las operaciones relativas a la actividad de la empresa.
12. En todo hecho contable hay un deudor por el importe de la operación y un acreedor de la misma cantidad.
13. Hay obligación de conservar los libros, la correspondencia, los documentos y los justificantes relativos a un negocio durante cinco años.
14. El balance y la cuenta de resultados reflejan la situación de la empresa y los beneficios obtenidos o las pérdidas sufridas durante el ejercicio.
15. La cuenta de resultados ha de expresar el volumen bruto de las operaciones realizadas.
16. « El comerciante deberá llevar sus libros con claridad, por orden de fechas, sin blancos, interpolaciones, raspaduras ni tachaduras, y sin presentar señales de haber sido alterados, sustituyendo o arrancando los folios, o de cualquier otra manera » (código de comercio).

el acreedor	le créancier
el activo circulante	l'actif circulant
la amortización lineal	l'amortissement linéaire
el anticipo	l'avance
el arqueo	la vérification de caisse
asentar	inscrire dans les livres
el asiento	l'écriture
auxiliar de contabilidad	aide-comptable
el balance	le bilan
el balance de comprobación	la balance
el balance consolidado	le bilan consolidé
la balanza de pagos	la balance des paiements
el borrador	le brouillard
la caja	la caisse
el cajero	le caissier
el cálculo de costes	le calcul des coûts
las cargas sociales	les charges sociales
el censor de cuentas	le commissaire aux comptes
el cierre de cuentas	la clôture des comptes
el comprobante	le justificatif
la contabilidad	la comptabilité
1. por partida simple	1. en partie simple
2. por partida doble	2. en partie double
3. mecanizada	3. par machine-comptable
4. por decalco	4. par décalque
5. por tarjetas perforadas	5. par cartes perforées
6. por computador	6. par ordinateur
el contable	le comptable
la contaduría	la comptabilité (le service ou le bureau)
el coste, el costo	le coût
el crédito	le crédit
la cuenta	le compte
la cuenta de pérdidas y ganancias	le compte de pertes et profits
el debe	le débit
el débito	la dette
el deudor	le débiteur
la devolución	le retour, le rendu
el diario	le journal
en efectivo	en espèces
el efecto a cobrar	l'effet à recevoir
el efecto a pagar	l'effet à payer
el embalaje	l'emballage
el envase	récipient, conditionnement

las existencias	les stocks
la factura pro forma	la facture pro forma
la factura sin pagar	la facture impayée
los gastos	les frais
los gastos generales	les frais généraux
gastos e ingresos	dépenses et recettes
el haber	le crédit
hacer el balance	dresser, établir le bilan
la inmovilización	l'immobilisation
la insolvencia	l'insolvabilité
interventor de cuentas	commissaire aux comptes
el inventario	l'inventaire
el jefe de contabilidad	le chef-comptable
el justificante	le justificatif
el libro de actas	registre des procès-verbaux
el libro de caja	le livre de caisse
el libro de inventarios	le livre d'inventaire
los libros auxiliares	les livres auxiliaires
llevar los libros	tenir les livres
la máquina contabilizadora	la machine comptable
el mayor	le grand livre
el metálico	les espèces
el mobiliaro	le mobilier
el neto	le net
la nómina	la liste du personnel, la feuille de paie
la obsolescencia	l'obsolescence
el pasivo	le passif
pendiente de pago	en attente de paiement
el perito en contabilidad	l'expert-comptable
el precio de coste	le prix de revient
el proveedor	le fournisseur
el recuento	la vérification, le décompte
el registro	l'enregistrement
el remanente	le compte report à nouveau
las reservas estatutarias	les réserves statutaires
las reservas legales	les réserves légales
las reservas voluntarias	les réserves facultatives
el resultado	le résultat
revisar	contrôler
el saldo acreedor	le solde créditeur
el saldo deudor	le solde débiteur
suma y sigue	à reporter
el vale	le bon, le billet à ordre

XVII

LA BOLSA

LA BOURSE

A. Situaciones

A 1. ¿ Qué es una bolsa ?

A 2. ¿ Para qué sirve la bolsa de valores

B. Documentación

B 1. Ojeada a la bolsa

B 2. Fichero de frases

B 3. Fichero de vocabulario

Guión

Sigue la bolsa, hoy día, rodeada de misterio y de incomprensión. Unos le achacan todos los defectos del mundo capitalista, otros los horrores de la especulación. Pero, pocos ven la necesidad de su existencia para regular ciertos mercados y sobre todo para permitir que los ahorradores – grandes y pequeños – inviertan en negocios que sin ellos no existirían.

Scénario

La bourse, de nos jours, continue à être entourée de mystère et d'incompréhension. Les uns lui attribuent tous les défauts du monde capitaliste, les autres les horreurs de la spéculation. Mais peu voient la nécessité de son existence pour régler certains marchés et surtout pour permettre aux épargnants – gros et petits – d'investir dans des affaires qui sans eux n'existeraient pas.

¿ Qué es una bolsa ?

La bolsa es un mercado. Un mercado es un lugar donde la gente se encuentra para comprar y vender. La mayoría de los mercados tratan de mercancías que tienen una utilidad práctica y que venden los propios productores. El vendedor ha producido más cereales, más azogue o más naranjas de lo que necesita. El comprador quiere alimentos o materias primas.

Así, en la bolsa de mercancías, que se llama también lonja, los productores aseguran el suministro regular de las mercancías negociadas y los consumidores aseguran una demanda regular, lo que mantiene en actividad productores y mercado.

Existe otra bolsa ; es la bolsa financiera. Allí, las mercancías comerciadas no tienen utilidad o valor intrínsecos. Los certificados de títulos o de acciones representan sólo un valor, manifestando la participación financiera de uno en una sociedad.
¿ Cómo puede funcionar un mercado de tales valores ?

XVII A 2 ¿ Para qué sirve la bolsa de valores ?

Para lanzar un negocio importante, hacen falta capitales. Con el fin de reunirlos, se crea una sociedad anónima : los que disponen de dinero pueden, comprando las acciones de la sociedad, aportar los caudales necesarios al funcionamiento de la empresa.

Pero los que poseen participaciones han de poder venderlas cuando lo quieran. No es razonable esperar de alguien que inmovilice para siempre su dinero en una sociedad que no puede devolvérselo ya que lo invirtió en construcciones, en material, etc. Por eso el poseedor de acciones puede venderlas a un tercero deseoso de sustituirle como accionista en la sociedad. Este mercado, lo lleva la bolsa.

La bolsa tiene, por consiguiente, dos papeles esenciales : gracias al mercado que ofrece, los hombres que tienen ideas pueden encontrar los capitales indispensables a sus empresas, y los particulares se ven ofrecer la posibilidad de invertir sus ahorros en valores que pueden vender cuando quieren.

XVII A 1 **Qu'est-ce qu'une bourse ?**

La bourse est un marché. Un marché est un lieu où les gens se rencontrent pour acheter et vendre. La plupart des marchés s'occupent de marchandises qui ont une utilité pratique et que les producteurs eux-mêmes vendent. Le vendeur a produit plus de céréales, plus de mercure ou plus d'oranges qu'il n'en a besoin. L'acheteur veut des aliments ou des matières premières.

Ainsi, à la bourse de commerce, les producteurs assurent l'approvisionnement régulier en marchandises négociées, et les consommateurs assurent une demande régulière, ce qui maintient en activité producteurs et marché.

Il existe une autre bourse ; c'est la bourse financière. Là, les marchandises négociées n'ont pas d'utilité ni de valeur intrinsèques. Les certificats de titres ou d'actions représentent seulement une valeur qui manifeste la participation financière de quelqu'un dans une société.
Comment peut fonctionner un marché de telles valeurs ?

XVII A 2 **A quoi sert la bourse des valeurs ?**

Pour lancer une affaire importante, il faut des capitaux. Afin de les réunir, on crée une société anonyme : ceux qui disposent d'argent peuvent, en achetant les actions de la société, apporter les capitaux nécessaires au fonctionnement de l'entreprise.

Mais ceux qui possèdent des participations doivent pouvoir les vendre quand ils veulent. Il n'est pas raisonnable d'espérer de quelqu'un qu'il immobilise pour toujours son argent dans une société qui ne peut pas le lui rendre puisqu'elle l'a investi dans des constructions, du matériel, etc. Aussi le possesseur d'actions peut-il les vendre à un tiers désireux de le remplacer comme actionnaire dans la société. Ce marché, c'est la bourse qui s'en charge.

La bourse a par conséquent deux rôles essentiels : grâce au marché qu'elle offre, les hommes qui ont des idées peuvent trouver les capitaux indispensables à leurs entreprises, et les particuliers se voient offrir la possibilité d'investir leurs économies dans des valeurs qu'ils peuvent vendre quand ils veulent.

Las acciones

La acción es un documento que representa una parte del capital de una sociedad. Esta acción es nominativa si lleva escrito el nombre de su poseedor o es al portador, y en este caso el que la tiene se considera como el poseedor. Hay que distinguir las acciones preferentes que son las que dan derecho a un dividendo fijo que no depende del resultado del ejercicio, y las acciones ordinarias cuyos poseedores cobran un dividendo sólo si hay beneficios.

Las obligaciones

La obligación es un título negociable de renta fija que representa una cantidad de dinero que el obligacionista ha prestado a una sociedad o al Estado que han emitido un empréstito. La obligación suele ser amortizable, o sea que no sólo devenga un interés sino que se reembolsa por sorteo.

Acciones y obligaciones tienen dos valores : un valor nominal que es el que figura sobre el documento mismo y un valor efectivo que es el de la compra o de la venta cuando se negocian en bolsa.

La bolsa de mercancías

En la bolsa de comercio, se realizan las operaciones de compraventa de toda clase de mercancías : productos agrícolas, productos alimenticios, materias primas, etc. El precio de las mercancías depende de la ley de la oferta y de la demanda ; esta dependencia provoca variaciones de cotizaciones, lo que origina la especulación.

Las operaciones de compraventa pueden hacerse al contado o a plazo ; al contado si se intercambian simultáneamente mercancías del vendedor y dinero del comprador, a plazo si la entrega de las mercancías y la liquidación de su precio fijado el día de la operación se efectúan en una fecha posterior y concretada de antemano. En este último tipo de operación, se puede vender incluso algo que todavía no existe, un cereal antes de la cosecha por ejemplo ; se dice entonces que es una operación en descubierto.

Les actions

L'action est un document qui représente une partie du capital d'une société. Cette action est nominative, si elle comporte le nom de son possesseur, ou elle est au porteur et dans ce cas celui qui la détient est considéré comme le possesseur. Il faut distinguer les actions privilégiées qui sont celles qui donnent droit à un dividende fixe qui ne dépend pas du résultat de l'exercice, et les actions ordinaires dont les possesseurs touchent un dividende seulement s'il y a des bénéfices.

Les obligations

L'obligation est un titre négociable à intérêt fixe qui représente une somme d'argent que l'obligataire a prêtée à une société ou à l'État qui ont émis un emprunt. L'obligation est généralement amortissable, c'est-à-dire que non seulement elle produit un intérêt mais elle est remboursée par tirage.

Actions et obligations ont deux valeurs : une valeur nominale qui est celle qui figure sur le document lui-même et une valeur effective qui est celle de l'achat ou de la vente quand elles sont négociées en bourse.

La bourse de commerce

Dans la bourse de commerce, sont réalisées les opérations d'achat et de vente de toute sorte de marchandises : produits agricoles, produits alimentaires, matières premières, etc. Le prix des marchandises dépend de la loi de l'offre et de la demande ; cette dépendance provoque des variations de cours, ce qui donne naissance à la spéculation.

Les opérations d'achat et de vente peuvent se faire au comptant ou à terme ; au comptant si l'on échange simultanément marchandises du vendeur et argent de l'acheteur, à terme si la remise des marchandises et la liquidation de leur prix fixé le jour de l'opération sont effectuées à une date postérieure et précisée à l'avance. Dans ce dernier type d'opération, on peut même vendre quelque chose qui n'existe pas encore, une céréale avant la récolte par exemple ; on dit alors que c'est une opération à découvert.

La bolsa de valores

Aquí, como lo hemos dicho ya, se negocian valores : acciones y obligaciones. El mercado puede realizarse de varios modos : al contado, como en las bolsas de comercio ; a plazo fijo cuando la operación tiene un plazo determinado e improrrogable para el intercambio de los valores y de su precio convenido el día de la operación. La misma operación puede hacerse a plazo libre : el comprador tiene la posibilidad de exigir los valores cualquier día antes del plazo determinado. Una operación a plazo libre y con prima es la que consiste en dejar al comprador, llegada la fecha del intercambio, la posibilidad de aceptarlo o de rescindirlo mediante el pago de una prima de indemnización.

Es alcista el que cuenta con el alza de los precios para vender más caro lo que acaba de comprar ; bajista el que vende esperando que con su venta se iniciará una baja y que podrá entonces comprar menos caro.

Entre las bolsas de valores, hay que citar las de Madrid, Barcelona, Bilbao y Valencia. Entre las bolsas de mercancías, cabe señalar la de Barcelona y sobre todo la de Valencia (productos agrícolas).

El agente de cambio y bolsa

Es un profesional, nombrado por el ministro de Comercio, que sirve de intermediario en las negociaciones y transferencias de efectos o valores públicos cotizables. Para conseguir este título, tiene que ser español, tener capacidad legal para comerciar, acreditar buena conducta y conocida probidad y constituir en la Caja de depósitos la fianza determinada por el gobierno. El agente tiene el carácter de notario en cuanto se refiere a la contratación de efectos públicos, valores industriales y mercantiles. El libro que lleva de todas las operaciones en que interviene hace fe en juicio. El agente de bolsa participa en la elección de la junta sindical que es el organismo que rige la actividad de una bolsa de valores. Esta junta se reúne cada día, y en vista de las negociaciones que resultan de las notas entregadas por los agentes colegiados, extiende el acta de la cotización.

La bourse des valeurs

Ici, comme nous l'avons déjà dit, on négocie des valeurs : actions et obligations. Le marché peut se réaliser de plusieurs façons : au comptant, comme dans les bourses de commerce ; à terme fixe quand l'opération a un terme déterminé, et qui ne peut pas être reporté, pour l'échange des valeurs et de leur prix convenu le jour de l'opération. La même opération peut se faire à terme libre : l'acheteur a la possibilité d'exiger les valeurs n'importe quel jour avant le terme fixé. Une opération à terme libre et avec prime est celle qui consiste à laisser à l'acheteur, la date de l'échange étant survenue, la possibilité de l'accepter ou de le résilier moyennant le paiement d'une prime d'indemnisation.

Le haussier est celui qui compte sur la hausse des prix pour vendre plus cher ce qu'il vient d'acheter ; le baissier, celui qui vend en espérant qu'avec sa vente s'amorcera une baisse et qu'il pourra alors acheter moins cher.

Parmi les bourses de valeurs, il faut citer celles de Madrid, Barcelone, Bilbao et Valence. Parmi les bourses de commerce, il convient de signaler celle de Barcelone et surtout celle de Valence (produits agricoles).

L'agent de change

C'est un professionnel, nommé par le ministre du Commerce, qui sert d'intermédiaire dans les négociations et les transferts d'effets ou de valeurs publiques cotés. Pour obtenir ce titre, il doit être espagnol, avoir la capacité légale de commercer, apporter la preuve d'une bonne conduite et d'une probité connue et constituer à la Caisse des dépôts la caution fixée par le gouvernement. L'agent a qualité de notaire pour tout ce qui se réfère à la négociation des effets publics, des valeurs industrielles et commerciales. Le livre qu'il tient de toutes les opérations qu'il contrôle fait foi en justice.
L'agent de change participe à l'élection de la chambre syndicale qui est l'organisme qui régit l'activité d'une bourse des valeurs. Cette chambre se réunit chaque jour et, au vu des négociations qui résultent des notes remises par les agents titulaires, rédige le procès-verbal de la cote des cours.

1. Les cours varient selon la loi de l'offre et de la demande.
2. Les haussiers et les baissiers sont des spéculateurs qui jouent à la hausse ou à la baisse.
3. Les haussiers vendent à découvert avec l'espoir d'acheter meilleur marché avant la liquidation.
4. L'actionnaire participe au capital d'une entreprise et cette dernière lui appartient à proportion de son apport.
5. L'obligataire prête de l'argent, il n'est pas propriétaire mais créancier de l'entreprise.
6. A la fermeture, le marché se montrait aussi peu actif que lors des sessions antérieures.
7. La situation actuelle est très instable, ce qui rend impossible un quelconque pronostic.
8. La semaine boursière a présenté toute une série d'alternatives plutôt inquiétantes.
9. Ces actions ont perdu un point.
10. Les indices à la fermeture manifestaient un effondrement catastrophique.
11. Au cours de la séance d'ouverture hebdomadaire, l'indice a indiqué à nouveau un léger redressement.
12. Sans l'existence d'un marché de valeurs actif, la relance de l'investissement industriel ne sera pas possible.
13. Les opérations au comptant doivent être terminées le jour même de leur tenue.
14. Le cédant est obligé de remettre, sans délai, les effets vendus, et le preneur de les accepter en en réglant le prix sur-le-champ.
15. Ne peuvent être négociés en bourse que les effets dont l'admission a été prononcée par la chambre syndicale des agents de change.
16. Le président et deux membres de la chambre syndicale doivent assister aux réunions de la bourse pour décider, en cas de nécessité, ce qu'il conviendrait de faire.

1. Las cotizaciones varían según la ley de la oferta y de la demanda.
2. Los alcistas y los bajistas son especuladores que juegan al alza o a la baja.
3. Los alcistas venden en descubierto esperando comprar más barato antes de la liquidación.
4. El accionista participa en el capital de una empresa y ésta le pertenece según su aportación.
5. El obligacionista presta dinero, no es propietario sino acreedor de la empresa.
6. Al cierre, el mercado se mostraba tan poco activo como en las sesiones anteriores.
7. La situación actual es muy inestable, lo que hace imposible cualquier pronóstico.
8. La semana bursátil ha presentado toda una serie de alternativas más bien inquietantes.
9. Estas acciones han perdido un entero.
10. Los índices al cierre manifestaban un hundimiento catastrófico.
11. En la sesión de apertura semanal, el índice ha vuelto a señalar una suave recuperación.
12. Sin la existencia de un mercado de valores activo, no será posible la reactivación de la inversión industrial.
13. Las operaciones al contado deben consumarse el mismo día de su celebración.
14. El cedente está obligado a entregar, sin dilación, los efectos vendidos, y el tomador a recibirlos, satisfaciendo su precio en el acto.
15. Sólo se pueden negociar en bolsa los efectos cuya admisión ha sido pronunciada por la junta sindical de los agentes de cambio y bolsa.
16. El presidente y dos miembros de la junta sindical han de presenciar las reuniones de la bolsa para acordar, en caso de necesidad, lo que proceda hacer.

la acción antigua	l'action ancienne
acción cotizable	action cotée
acción de capital	action de capital
acción de goce	action de jouissance
acción nueva	action nouvelle
acción ordinaria	action ordinaire
acción preferente	action privilégiée
el acreedor	le créancier
el agente de cambio y bolsa	l'agent de change
el agente colegiado	l'agent titulaire
el ahorrador	l'épargnant
el ahorro	l'épargne
el alcista	le haussier
el alza	la hausse
amortizable	amortissable
amortizar	amortir
la baja	la baisse
el bajista	le baissier
la bolsa de mercancías	la bourse de commerce
la bolsa de trabajo	la bourse du travail
la bolsa de valores	la bourse des valeurs
el bolsín	1. bourse de 2e importance 2. la coulisse 3. réunion des boursiers hors de la bourse
el bolsista	le boursier, le spéculateur
bolsístico (néolog.)	boursier, relatif à la bourse
el bono del Tesoro	le bon du Trésor
bursátil	boursier, relatif à la bourse
la caída de los precios	la chute des prix
el cedente	le cédant
consumarse (negocio)	se faire, se réaliser
al contado	au comptant
la contratación	le contrat, la négociation
el corro	la corbeille, le parquet
la cotización	la cote, le cours, la cotation
cotización al cierre	cours de clôture
cotización inicial	cours d'ouverture
la coyuntura	la conjoncture
el « crac »	le krach, la faillite
la deuda consolidada	la dette consolidée
la deuda flotante	la dette flottante
la deuda pública	la dette publique
el dividendo	le dividende

los efectos	les effets
el entero	le point
el especulador	le spéculateur
la fianza	la caution, la garantie
la firmeza de un valor	la bonne tenue d'une valeur
hundirse	s'effondrer
intervenir	examiner, contrôler
la inversión	l'investissement
el inversionista	l'investisseur
invertir	investir
el juego de poca monta	le boursicotage
jugar al alza	jouer à la hausse
jugar a la baja	jouer à la baisse
jugar flojo	boursicoter
la junta sindical	la chambre syndicale
la liquidación	la liquidation
liquidar	liquider, régler, payer, conclure une affaire
la lonja	la bourse de commerce
la obligación convertible	l'obligation convertible
obligación industrial	obligation industrielle
obligación municipal	obligation municipale
operación en descubierto	opération à découvert
la orden al mejor	l'ordre au mieux
la orden de venta	l'ordre de vente
la orden limitada	l'ordre à cours limité
el plazo	le délai, l'échéance, le terme
a plazo	à terme
plazo improrrogable	terme qui ne peut être reporté
el punto	le point
quedar firme (valor)	être ferme, résistant
la quiebra	la faillite, le krach
reactivar (valor)	reprendre
la recuperación	le redressement
el rédito	l'intérêt
reembolso por sorteo	remboursement par tirage
la renta fija	la rente fixe
rescindir	résilier
el retroceso (valor)	le recul
el tablero	le tableau d'affichage
la tendencia al alza	la tendance à la hausse
los títulos	les titres
el tomador	le preneur
la tónica de un valor	la bonne tenue d'une valeur

XVIII

MONEDAS Y ECONOMÍA

MONNAIES ET ÉCONOMIE

Guión

Manuel García se prepara a salir para Francia e Italia. Su secretaria va a comprarle las divisas necesarias.
Monedas, cambio, inflación, elevación de la tasa del redescuento...
Todos los días, se alude a estos hechos económicos, pero muchas veces sin saber lo que son.
Es la ocasión de recordar los elementos más importantes de la economía en la que vivimos.
Claro que no será un repaso exhaustivo, ni mucho menos.

Scénario

Manuel Garcia se prépare à partir pour la France et l'Italie. Sa secrétaire va lui acheter les devises nécessaires.
Monnaies, change, inflation, relèvement du taux de réescompte...
Tous les jours, on fait allusion à ces faits économiques, mais bien souvent sans savoir ce qu'ils sont.
C'est l'occasion de rappeler les éléments les plus importants de l'économie dans laquelle nous vivons.
Ce ne sera évidemment pas un examen exhaustif, loin de là.

 El cambio

Manuel García y su secretaria Teresa Marcañada

M.G. Mire, Teresa, hoy es jueves y salgo el lunes próximo para Francia e Italia.

T.M. Sí, lo recuerdo, Ud toma el vuelo de Iberia de las 2 de la tarde. Ya tiene habitación reservada en París y en Roma.

M.G. Muy bien, pero lo que no tengo, son dollares. Quisiera que Ud fuera al banco ; saque de mi cuenta 1 000 euros con el cheque que le voy a dar y compre 500 de dollares. Tráigame lo que sobre de euros, las necesitaré.

T.M. ¿ Cómo quiere Ud las divisas ? ¿ En billetes o en cheques de viaje ?

M.G. ¿ En qué piensa Ud, Teresa ? En billetes.

T.M. ¡ Claro ! Olvidaba que para los cheques de viaje, el beneficiario tiene que firmarlos en el momento mismo de la adquisición.

M.G. ¡ Ah ! también les dará Ud este formulario de petición de talonario. Casi he terminado el que utilizo.

XVIII A 2 **En el banco**

Teresa Marcañada y el cajero

C. ¡ Buenos días, guapa ! ¿ Qué puedo hacer ?

T.M. Darme estas 1 000 euros que corresponden a este cheque.

C. Muy bien. ¿ Cómo las quiere Ud ?

T.M. Me da igual ya que compro en seguida dollares.

Manuel Garcia et sa secrétaire Teresa Marcañada

M.G. Écoutez, Teresa, aujourd'hui c'est jeudi et je pars lundi prochain pour la France et l'Italie.

T.M. Oui, je me le rappelle, vous prenez le vol Ibéria de 14 heures. Vous avez votre chambre réservée à Paris et à Rome.

M.G. Très bien, mais ce que je n'ai pas, ce sont des dollars. Je voudrais que vous alliez à la banque ; retirez de mon compte 1 000 euros avec le chèque que je vais vous donner et achetez pour 500 dollars de chaque devise. Rapportez-moi ce qui restera en 500 euros, j'en aurai besoin.

T.M. Comment voulez-vous les devises ? En billets ou en chèques de voyage ?

M.G. A quoi pensez-vous, Teresa ? En billets.

T.M. Bien sûr ! J'oubliais que pour les chèques de voyage, le bénéficiaire doit les signer au moment même de l'acquisition.

M.G. Ah ! Vous leur donnerez également ce formulaire de demande de chéquier. J'ai presque terminé celui que j'utilise.

XVIII A 2 **A la banque**

Teresa Marcañada et le caissier

C. Bonjour, ma belle ! Qu'est-ce que je peux faire ?

T.M. Me donner ces 1 000 euros qui correspondent à ce chèque.

C. Très bien. Comment les voulez-vous ?

T.M. Cela m'est égal puisque j'achète tout de suite des dollars.

A continuación proponemos breves definiciones de algunas nociones económicas elementales :

el patrón oro

Era un sistema monetario en el que el valor en oro de la moneda era garantizado por la ley. Esto significaba que las autoridades monetarias tenían la obligación, si alguien lo pedía, de dar oro a cambio de moneda fiduciaria. Teniendo el oro un valor más o menos constante, los tipos de cambio, entre los países del patrón oro, tendían a equilibrarse. Se observó este sistema hasta los años 30.

los acuerdos de Bretton Woods

En 1944, se reunió en esta población estadounidense una conferencia monetaria internacional, en la que participaron 44 naciones. Allí se creó, entre otras cosas, el Fondo monetario internacional (F.M.I.) y se acordó que, en adelante, el valor de las monedas se calcularía según el del dólar. Como contrapartida, los norteamericanos se comprometían a convertir en cualquier momento el dólar en oro.

No duró mucho tampoco este sistema : los norteamericanos no pudieron asegurar la convertibilidad del dólar porque se ponían en circulación dólares que ya no tenían su correspondencia oro en las reservas estatales. En 1971, se quebraron los acuerdos de Bretton Woods y se devaluó el dólar. Pero sigue siendo la moneda de referencia y en los años 80, por ejemplo, el precio del petróleo varía con arreglo a la cotización del dólar y se paga... en dólares.

los eurodólares

Son los dólares que pertenecen a bancos europeos : proceden de préstamos norteamericanos o representan negocios o gastos hechos por los EE. UU en el extranjero. Se acumulan en Europa y constituyen un fondo de capital internacional a corto plazo que tiende a ingresar en aquel país que ofrece tipos de interés más altos. El juego de los tipos de interés aplicados por los EE. UU – muy bajos por los depósitos extranjeros, muy elevados sobre los préstamos a los extranjeros – hace que estos dólares europeos se quedan en Europa y van formando un mercado cerrado sobre sí mismo.

Nous proposons ci-dessous de brèves définitions de quelques notions économiques élémentaires :

l'étalon-or

C'était un système monétaire dans lequel la valeur en or de la monnaie était garantie par la loi. Cela signifiait que les autorités monétaires avaient l'obligation, si quelqu'un le demandait, de donner de l'or en échange de monnaie fiduciaire. L'or ayant une valeur plus ou moins constante, les taux de change, entre les pays de l'étalon-or, tendaient à s'équilibrer. Ce système fut observé jusqu'aux années 30.

les accords de Bretton Woods

En 1944, se réunit dans cette ville des États-Unis une conférence monétaire internationale, à laquelle participèrent 44 nations. On y créa, entre autres choses, le Fonds monétaire international (F.M.I.) et on décida qu'à l'avenir la valeur des monnaies serait calculée d'après celle du dollar. En contrepartie, les Américains s'engageaient à transformer à n'importe quel moment le dollar en or.

Ce système ne dura pas longtemps non plus : les Américains ne purent assurer la convertibilité du dollar parce qu'on émettait des dollars qui n'avaient plus leur correspondance or dans les réserves de l'État. En 1971, les accords de Bretton Woods furent rompus et le dollar fut dévalué. Mais il est toujours la monnaie de référence et dans les années 80, par exemple, le prix du pétrole varie en fonction du cours du dollar et il se paie... en dollars.

les eurodollars

Ce sont les dollars qui appartiennent à des banques européennes : ils proviennent de prêts nord-américains ou ils représentent des affaires ou des frais faits par les États-Unis à l'étranger. Ils s'accumulent en Europe et constituent un fonds de capital international à court terme qui tend à passer dans le pays qui offre des taux d'intérêts plus élevés. Le jeu des taux d'intérêts appliqués par les États-Unis – très bas pour les dépôts étrangers, très élevés sur les prêts aux étrangers – fait que ces dollars européens restent en Europe et peu à peu forment un marché fermé sur lui-même.

EE.UU = Estados Unidos : en espagnol, on double les lettres d'un sigle représentant un mot pluriel.

devaluación y revaluación
Es la reducción o la elevación del valor de la moneda nacional respecto a las monedas extranjeras. Si varía demasiado el valor, interviene el banco central para sostener su moneda. Si no se equilibra así el mercado, se devalúa o revalúa. De la devaluación suele surgir una mejora de la exportación ya que los productos exportados cuestan menos al comprador extranjero. Pero la devaluación tiene el inconveniente de encarecer los productos importados.

moneda flotante
Es la moneda cuya cotización se ha liberado. El banco central no interviene para protegerla : « flota ».

inflación, deflación, « estanflación »
La inflación es el desiquilibrio caracterizado por un alza general de los precios y provocado por una excesiva circulación de la moneda, un déficit presupuestario o una inadecuación entre oferta y demanda. La deflación es la reducción de la circulación fiduciaria sin que disminuya la producción. La « estanflación » es la combinación del estancamiento de la producción y de la inflación de los precios.

las balanzas comercial y de pago
La primera es la cuenta comparada de importaciones y exportaciones ; la segunda es la de todas las transacciones económicas anuales de un país con los demás.

XVIII B 2 Naciones y monedas hispano-americanas

nación	capital	habitante	moneda
ARGENTINA	Buenos Aires	argentino	el peso
BOLIVIA	Sucre (La Paz)	boliviano	el peso
BRASIL	Brasilia	brasileño	el cruzeiro
COLOMBIA	Bogotá	colombiano	el peso
COSTA RICA	San José	costarricense	el colón
CUBA	La Habana	cubano	el peso
CHILE	Santiago	chileno	el peso
ECUADOR	Quito	ecuatoriano	el sucre
EL SALVADOR	San Salvador	salvadoreño	el colón
ESPAÑA	Madrid	español	la peseta
FILIPINAS	Manila	filipino	el piso
GUATEMALA	Guatemala	guatemalteco	el quetzal

dévaluation et réévaluation

C'est la réduction ou la hausse de la valeur de la monnaie nationale par rapport aux monnaies étrangères. Si la valeur varie trop, la banque centrale intervient pour soutenir sa monnaie. Si ainsi le marché ne s'équilibre pas, on dévalue ou on réévalue. De la dévaluation surgit généralement une amélioration de l'exportation puisque les produits exportés coûtent moins cher à l'acheteur étranger. Mais la dévaluation a l'inconvénient de rendre plus chers les produits importés.

monnaie flottante

C'est la monnaie dont le cours a été libéré. La banque centrale n'intervient pas pour la protéger : elle « flotte ».

inflation, déflation, « stagflation »

L'inflation est le déséquilibre caractérisé par une hausse générale des prix et provoqué par une circulation excessive de la monnaie, un déficit budgétaire ou une inadéquation entre offre et demande. La déflation est la réduction de la circulation fiduciaire sans que diminue la production. La « stagflation » est la combinaison de la stagnation de la production et de l'inflation des prix.

les balances commerciale et de paiement

La première est le compte comparé des importations et exportations ; la deuxième est celui de toutes les transactions économiques annuelles d'un pays avec les autres.

XVIII B 2 Nations et monnaies hispano-américaines

nation	capitale	habitant	monnaie
HONDURAS	Tegucigalpa	hondureño	el lempira
MÉXICO	México	mexicano	el peso
NICARAGUA	Managua	nicaragüense	el córdoba
PANAMÁ	Panamá	panameño	el balboa
PARAGUAY	Asunción	paraguayo	el guaraní
PERÚ	Lima	peruano	el sol
PORTUGAL	Lisboa	portugués	el euro
REPÚBLICA DOMINICANA	Santo Domingo	dominicano	el peso
URUGUAY	Montevideo	uruguayo	el peso
VENEZUELA	Caracas	venezolano	el bolívar

Le peso uruguayen = 100 centésimos ; le colón de Costa Rica, la peseta et le bolivar = 100 céntimos ; toutes les autres monnaies = 100 centavos

 Essayez de traduire...

1. Les fonctions de la Banque d'Espagne sont :
2. l'émission des billets et des pièces de cours légal,
3. l'exécution de la politique monétaire décidée par le gouvernement,
4. le contrôle et la surveillance des banques privées,
5. la réglementation du marché de l'argent,
6. le mouvement des paiements extérieurs et la constitution des réserves.
7. Le système monétaire international est très compliqué.
8. Le niveau de vie d'une personne ou d'un groupe se mesure par le rapport entre le revenu...
9. et le prix des biens et services qui peuvent être acquis avec le revenu en question.
10. Le pouvoir d'achat de quelqu'un permet d'apprécier son niveau de vie.
11. Le libre-échange est le système économique qui laisse libre de tout obstacle ou limitation le commerce international.
12. Le repli des valeurs nationales s'était déjà amorcé l'an dernier.
13. L'évolution des importations de biens d'équipement n'est pas encourageante.
14. A combien est le change de la pesète, s'il vous plaît ?
15. As-tu la monnaie de ce billet de 5 000 pesètas ?
16. Nous allons nous garer ici, as-tu de la petite monnaie ?
17. Quand une monnaie flotte, son cours varie selon le libre jeu de l'offre et de la demande.
18. Je regrette beaucoup, je n'ai pas d'espèces, mais j'ai mon chéquier et je peux vous laisser un chèque.
19. Galopante ou rampante, l'inflation, c'est toujours l'inflation.
20. Il est toujours en train de promettre monts et merveilles !

1. Las funciones del Banco de España son :
2. la emisión de los billetes y monedas de curso legal,
3. la ejecución de la política monetaria acordada por el gobierno,
4. el control y la vigilancia de la banca privada,
5. la regulación del mercado del dinero,
6. el movimiento de los pagos exteriores y la constitución de las reservas.
7. El sistema monetario internacional es muy complejo.
8. El nivel de vida de una persona o de un grupo se mide por la relación entre la renta...
9. y el precio de los bienes y servicios que con dicha renta se pueden adquirir.
10. El poder adquisitivo de uno permite apreciar su nivel de vida.
11. El librecambio es el sistema económico que deja libre de todo obstáculo o limitación el comercio internacional.
12. El debilitamiento de los valores nacionales ya se había iniciado el año pasado.
13. La evolución de las importaciones de bienes de equipo no es alentadora.
14. ¿ A cuánto está el cambio de la peseta, por favor ?
15. ¿ Tienes cambio de aquel billete de 5 000 pesetas ?
16. Vamos a aparcar aquí, ¿ tienes dinero suelto ?
17. Cuando flota una moneda, su cotización varía según el libre juego de la oferta y de la demanda.
18. Lo siento mucho, no tengo metálico, pero tengo mi talonario y puedo dejarle un cheque.
19. Galopante o reptante, la inflación siempre es la inflación.
20. ¡ Siempre está prometiendo el oro y el moro !

la acuñación de moneda	la frappe de monnaie
acuñar moneda	battre monnaie
el banco central	la banque centrale
el billete	le billet
la calderilla	la mitraille
cambiar	changer
el cambio	le change
la capacidad adquisitiva	le pouvoir d'achat
la Casa de la Moneda	l'Hôtel de la Monnaie
la circulación monetaria	la circulation monétaire
la cobertura	la couverture
el cheque de viaje	le chèque de voyage
la deflación	la déflation
deflacionista	déflationniste
depreciación monetaria	dépréciation monétaire
depreciarse	se déprécier
el descuento	l'escompte
la devaluación	la dévaluation
devaluar	dévaluer
el dinero	l'argent
dinero contante	argent comptant
dinero falso	fausse monnaie
dinero líquido	argent liquide
el dinero suelto	l'appoint, la petite monnaie
las divisas	les devises
la elevación del tipo	l'augmentation du taux
la emisión	l'émission
el encaje	l'encaisse
la estabilidad monetaria	la stabilité monétaire
le estanflación	la stagflation
la flotación de la moneda	le flottement de la monnaie
flotar	flotter
los fondos	les fonds
la inflación	l'inflation
inflación galopante	inflation galopante
inflación reptante	inflation rampante
inflacionista	inflationniste
la ley de una moneda	le titre d'une monnaie
el lingote	le lingot
la liquidez	la liquidité
la masa monetaria	la masse monétaire
la moneda	1. la monnaie 2. la pièce
moneda contante y sonante	espèces sonnantes et trébuchantes

moneda de oro	pièce en or
moneda divisionaria	appoint
moneda estable	monnaie stable
moneda falsa	fausse monnaie
moneda fiduciaria	monnaie fiduciaire
moneda flotante	monnaie flottante
moneda fraccionaria	appoint
moneda imaginaria	monnaie de compte
moneda metálica	monnaie métallique
moneda oro	monnaie or
moneda suelta	appoint
monedero falso	faux-monnayeur
monetario	monétaire
la oficina de cambio	le bureau de change
el oro	l'or
oro de ley	or véritable
el papel moneda	le papier-monnaie
la paridad	la parité
el patrón oro	l'étalon or
la plata	l'argent (métal, et monnaie en Amérique)
el poder adquisitivo	le pouvoir d'achat
poner en circulación	émettre
el producto interior bruto (P.I.B.)	le produit intérieur brut
el producto nacional bruto (P.N.B.)	le produit national brut
redescontar	réescompter
el redescuento	le réescompte
la reducción del tipo	l'abaissement du taux
la reforma monetaria	le réforme monétaire
la renta per cápita	le revenu par tête
les reservas	les réserves
la revaluación	la réévaluation
revaluar	réévaluer
se ruega moneda fraccionaria (suelta)	on est prié de faire l'appoint
el sistema monetario	le système monétaire
el suelto (calderilla)	la monnaie (mitraille)
la tasa, el tipo	le taux
tener suelto	avoir de la monnaie
¿ tienes cambio ?	as-tu la monnaie ?
el título legal	le titre légal
la unidad de cuenta	l'unité de compte
el volumen monetario	la masse monétaire

XIX

TELECOMUNICACIONES

TÉLÉCOMMUNICATIONS

Ce chapitre est essentiellement consacré à la communication téléphonique ; seul le vocabulaire traitera rapidement de la communication écrite (à laquelle est consacré le chapitre suivant).
Vous y trouverez également quelques remarques sur certains types de communications téléphoniques. Ce chapitre est ainsi divisé :

A 1. Informations pratiques
A 2. Conversations I
A 3. Conversations II
B 1. Télécommunications
B 2. Essayez de traduire
B 3. Vocabulaire

Servicio internacional
Para tener acceso a la central internacional española, hay que marcar el 07 y esperar un segundo tono, más agudo que el normal.
Oído dicho tono, se deben marcar las dos o tres cifras que identifican a cada país, en acuerdo con los convenios internacionales establecidos (por ejemplo, 33 para Francia, 593 para Ecuador), con el fin de que la llamada se encamine hacia el país de destino. A continuación, debe marcarse el indicativo de la provincia a la que pertenece la localidad, y seguidamente el número del abonado deseado.
Por ejemplo, el abonado 29.12.80 de Burdeos (indicativo : 56) :
07-tono-33.56.29.12.80.

Service international
Pour avoir accès au central international espagnol, il faut composer le 07 et attendre une deuxième tonalité, plus aiguë que la tonalité normale.
Cette tonalité entendue, il faut composer les 2 ou 3 chiffres qui identifient chaque pays, conformément aux conventions internationales établies (par exemple, 33 pour la France, 593 pour l'Équateur), afin que l'appel s'achemine vers le pays de destination. Ensuite, il faut composer l'indicatif de la province à laquelle appartient la localité, et à la suite, le numéro de l'abonné souhaité.
Par exemple, l'abonné 29.12.80 de Bordeaux (indicatif : 56) :
07-tonalité-33.56.29.12.80.

Pour épeler les mots, utilisez le code suivant :

A-Antonio	H-Historia	N-Navarra	T-Tarragona
B-Barcelona	I-Inés	Ñ-Ñoño	U-Ulises
C-Carmen	J-José	O-Oviedo	V-Valencia
Ch-Chocolate	K-Kilo	P-Paris	W-Washington
D-Dolores	L-Lorenzo	Q-Querido	X-Xiquena
E-Enrique	Ll-Llobregat	R-Ramón	Y-Yegua
F-Francia	M-Madrid	S-Sábado	Z-Zaragoza
G-Gerona			

Ainsi, vous entendrez épeler YUSTE : « Y de yegua, U de Ulises, S de Sábado, T de Tarragona, E de Enrique ».

T = Telefonista y otros personajes (A, B, C, etc.)

T. Servicio Internacional. Le escucho.
A. Oiga, quisiera llamar a Manila en las Filipinas. ¿ Qué tengo que marcar ?
T. El indicativo nacional es el 63, y para Manila, el 2, y a continuación, el número del abonado.
A. Gracias, adiós.

B. Oiga, ¿ Pielujo ?
T. Sí señor a su servicio.
B. ¿ Quiere Ud ponerme con Manuel García ?
T. ¿ De parte de quién ?
B. De Adolfo Bécquer, de la sociedad Larios y Cía.
T. Un momento, voy a ver si está.
B. ¿ Manuel García ?
T.M. No, señor Bécquer, soy su secretaria, Teresa Marcañada. No está el señor García. Puedo...
B. Es que estoy de paso por Madrid. Soy colombiano y me hubiera gustado entrevistarme con el señor García. Soy el director del marketing de una fábrica de calzado en Cali, y bueno...
T.M. ¿ Se va Ud a quedar unos días en Madrid ?
B. Sí, dos días, salgo pasado mañana por la noche.
T.M. Entonces, creo que es posible. Alguien acaba de cancelar su entrevista con el señor García. ¿ Le convendría mañana, a las 4 y media de la tarde ?
B. Estupendo, le agradezco mucho su amabilidad.

T. Pielujo a su servicio. ¿ Qué desea Ud ?
C. Buenos días. Aquí, el servicio de control de los bomberos. Quisiera una cita con el jefe de la seguridad de su sociedad.
T. ¡ Qué ! Pero no tenemos servicio de seguridad.
C. Bueno, no se preocupe Ud. Póngame con el director administrativo.
T. Ahora mismo. (Oye, Luisa, ¿ sabes quién acaba de llamar ? ¡ Los bomberos ! Los he puesto con D. Ramón Cebrián. – No te asustes, hija. Llaman todos los años. Quieren saber cómo están nuestros extintores. – ¡ Ay ! ¡ Qué susto !)

T = Téléphoniste et autres personnages (A, B, C, etc.)

T. Renseignements internationaux. Je vous écoute.
A. Allô, je voudrais téléphoner à Manille aux Philippines. Quel numéro dois-je faire ?
T. L'indicatif national est le 63, et pour Manille, le 2, et ensuite, le numéro de l'abonné.
A. Merci, au revoir.

B. Allô, Pielujo ?
T. Oui monsieur, à votre service.
B. Voulez-vous me passer Manuel Garcia ?
T. De la part de qui ?
B. D'Adolfo Bécquer, de la société Larios et Cie.
T. Un instant, je vais voir s'il est là.
B. Manuel Garcia ?
T.M. Non, monsieur Bécquer, je suis sa secrétaire, Teresa Marcañada. M. Garcia n'est pas là. Est-ce que je peux...
B. C'est que je suis de passage à Madrid. Je suis Colombien et j'aurais aimé rencontrer M. Garcia. Je suis le directeur du marketing d'une usine de chaussures à Cali, et bien sûr...
T.M. Allez-vous rester quelques jours à Madrid ?
B. Oui, deux jours, je pars après-demain soir.
T.M. Alors je crois que c'est possible. Quelqu'un vient d'annuler son entrevue avec M. Garcia. Est-ce que demain après-midi, à 16 h 30 vous conviendrait ?
B. Formidable, je vous remercie beaucoup de votre amabilité.

T. Pielujo à votre service. Que désirez-vous ?
C. Bonjour. Ici, le service de contrôle des pompiers. Je voudrais un rendez-vous avec le chef de la sécurité de votre société.
T. Comment ? Mais nous n'avons pas de service de sécurité.
C. Bien, ne vous tracassez pas. Passez-moi le directeur administratif.
T. Tout de suite. (Dis donc, Louise, tu sais qui vient d'appeler ? Les pompiers ! Je leur ai passé M. Ramon Cebrian. – Ne t'inquiète pas, ma petite. Ils appellent tous les ans. Ils veulent savoir dans quel état sont nos extincteurs. – Mon Dieu ! Quelle peur !)

T = Telefonista y otros personajes (A, B, C, etc.)

T. Pero, señor, hable más fuerte. No oigo nada. ¡ Ah ! sí, ahora, ¡ oh ! perdone, señora, me he equivocado, es que no oía bien. ¿ Qué puedo hacer ?
A. Póngame con el señor director.
T. Muy bien, señora. ¿ De parte de quién ?
A. Pero de su esposa, señorita.
T. Ahora mismo, señora.

B. Oiga, señorita. ¿ Qué demora hay para La Paz ?
T. No la hay, señor. Es automático.

T. Pielujo a su servicio.
C. Soy Juan Iglés. Represento en España un consorcio norteamericano especializado en el tratamiento de cueros y pieles. Quisiera entrevistarme con su director técnico.
T. Ahora mismo se lo pongo.
C. Un momento, ¿ cómo se llama, por favor ?
T. Don Emilio Onoaga.
C. ¿ Tendrá Ud la bondad de deletreármelo ?
T. Si señor. O de Oviedo, N de Navarra, O de Oviedo, A de Antonio, G de Gerona y A de Antonio.
C. Onoaga. Muy bien. ¿ Puede Ud ponerme con él ahora ?

D. ¿ Informaciones ?
T. Si, señorita, ¿ qué desea Ud ?
D. Quisiera el número de teléfono de doña Ana Ebolí.
T. ¿ Tiene Ud su dirección ?
D. Sí, vive en el Paseo de Colón, n° 27.
T. Ebolí... Ebolí... lo tengo. Es el 281.12.08.
D. Bueno, es el que tengo ya. Pero llevo horas y horas llamando a este número y no me cogen.
T. Bueno, señorita, es que no habrá nadie, y sin duda, por eso...
D. No me explico lo que pasa. Estoy segura de que hay alguien.
T. Bueno, no puedo decirle más.

T = Téléphoniste et autres personnages (A, B, C, etc.)

T. Mais, monsieur, parlez plus fort. Je n'entends rien. Ah ! oui, maintenant, oh ! pardon madame, je me suis trompée, c'est que je n'entendais pas bien. Que puis-je faire ?
A. Passez-moi le directeur.
T. Très bien, madame. De la part de qui ?
A. Mais de sa femme, mademoiselle.
T. Tout de suite, madame.

B. Allô, mademoiselle. Quelle attente y a-t-il pour La Paz ?
T. Il n'y en a pas, monsieur. C'est automatique.

T. Pielujo à votre service.
C. Je suis Juan Iglés. Je représente en Espagne un consortium nord-américain spécialisé dans le traitement des cuirs et peaux. Je voudrais rencontrer votre directeur technique.
T. Je vous le passe immédiatement.
C. Un instant, comment s'appelle-t-il, s'il vous plaît ?
T. M. Emilio Onoaga.
C. Auriez-vous la bonté de me l'épeler ?
T. Oui, monsieur. O comme Oviedo, N comme Navarre, O comme Oviedo, A comme Antoine, G comme Gérone et A comme Antoine.
C. Onoaga. Très bien. Pouvez-vous me le passer maintenant ?

D. Les renseignements ?
T. Oui, mademoiselle. Que désirez-vous ?
D. Je voudrais le numéro de téléphone de Mme Ana Eboli.
T. Avez-vous son adresse ?
D. Oui, elle habite 27, boulevard de Colomb.
T. Eboli... Eboli... je l'ai. C'est le 281.12.08.
D. Bon, c'est celui que j'ai déjà. Mais cela fait des heures et des heures que j'appelle ce numéro et on ne me répond pas.
T. Eh bien, mademoiselle, c'est qu'il doit n'y avoir personne, et sans doute, pour cela...
D. Je ne comprends pas ce qui se passe. Je suis sûre qu'il y a quelqu'un.
T. Bien, je ne peux rien vous dire de plus.

La Compañía telefónica española proporciona la posibilidad de hablar con la casi totalidad de los países del mundo. Las conferencias destinadas a relaciones no automatizadas o las conferencias de tipo especial se consiguen gracias a una operadora. Estas últimas conferencias pueden ser las siguientes :

conferencias de teléfono a teléfono

Son las pedidas para hablar con un número determinado ; la duración y la tasación empiezan cuando contesta el número solicitado, quienquiera que sea la persona que responde a la llamada.

conferencias personales

Son las que tienen lugar entre el número del solicitante y otra persona determinada. Hay sobretasa por esta facilidad, pero quedan a cargo del servicio telefónico todas las gestiones necesarias para la localización de la persona solicitada.

conferencias a cobro revertido

Son aquellas en que el solicitante especifica, al pedir la comunicación, su deseo de que sea pagada por el abonado solicitado. Se encarga la operadora de la gestión y se tasa la comunicación a partir de la aceptación.

conferencias urgentes

Permiten una prioridad que podrá conseguirse añadiendo a la indicación de la categoría de la conferencia la mención « urgente », al pedir la comunicación. La tarifa aplicada a estas conferencias será igual al doble de la correspondiente a una conferencia privada ordinaria de igual duración.

petición de información

Es la peticíon formulada con el fin de obtener los datos que le permitirán efectuar una llamada (indicativos nacionales, códigos territoriales, etc.) o para saber si una persona, designada por su apellido y dirección, está abonada al teléfono, y en este caso, cuál es su número.

Para acceder a este servicio, habrá de marcarse el 008. Cabe señalar que la utilización de dicho servicio es gratuita.

La Compagnie espagnole des téléphones donne la possibilité de parler avec la quasi-totalité des pays du monde. Les communications destinées à des relations non automatisées ou les communications de type particulier sont obtenues grâce à une opératrice. Ces dernières communications peuvent être les suivantes :

communications de poste à poste

Ce sont celles demandées pour parler avec un numéro déterminé ; la durée et la taxation commencent quand le numéro demandé répond, quelle que soit la personne qui réponde à l'appel.

communications avec avis d'appel

Ce sont celles qui ont lieu entre le numéro du demandeur et une autre personne déterminée. Il y a une surtaxe pour cette facilité, mais restent à la charge du service téléphonique toutes les démarches nécessaires à la localisation de la personne demandée.

communications en P.C.V.

Ce sont celles où le demandeur spécifie, en demandant la communication, son désir qu'elle soit payée par l'abonné demandé. L'opératrice se charge de la démarche et l'on taxe la communication à partir de son acceptation.

communications urgentes

Elles permettent une priorité qui pourra être obtenue en ajoutant à l'indication du type de la communication la mention « urgent », au moment de la demande. Le tarif appliqué à ces communications sera égal au double du tarif correspondant à une communication privée ordinaire de durée identique.

demande de renseignement

C'est la demande formulée par un demandeur afin d'obtenir les renseignements qui lui permettront d'effectuer un appel (indicatifs nationaux, de province, etc.) ou pour savoir si une personne, désignée par son nom et son adresse, est abonnée au téléphone, et dans ce cas, quel est son numéro.
Pour obtenir ce service, l'on doit composer le 008. Il convient de signaler que l'utilisation de ce service est gratuite.

 Essayez de traduire...

1. Mme Gongora vient de vous appeler.
2. Que voulait-elle ? A-t-elle laissé un message ?
3. Une lettre par avion, combien de temps met-elle pour arriver ?
4. Je suis M. Pizarro. Ai-je du courrier en poste restante ?
5. La correspondance adressée à Madrid, Valence, Barcelone et Bilbao doit comporter le numéro de l'arrondissement.
6. Avec ce renseignement, le tri est accéléré.
7. Il est interdit d'expédier des paquets qui contiennent des matières explosives ou inflammables.
8. Je veux envoyer un message à un navire en haute mer.
9. Quel numéro dois-je composer ? C'est le 222.11.41.
10. En Espagne, l'administration de la Poste et du Téléphone dépend du ministère de l'Intérieur.
11. Vous m'enverrez la lettre recommandée. C'est plus sûr.
12. Ne m'appelle pas cet après-midi, je ne serai pas là.
13. Le numéro que vous demandez ne répond pas.
14. Voulez-vous renouveler votre appel un peu plus tard ?
15. Vous devrez avoir beaucoup de monnaie si vous voulez appeler d'une cabine téléphonique.
16. Depuis Buitrago sont établies des communications internationales par satellites.
17. L'Union postale universelle a été créée le 10 juillet 1875.
18. Voulez-vous prendre l'appareil, s'il vous plaît ? Je ne comprends rien à ce que dit ce monsieur.
19. Voulez-vous un appareil à prise ou non ?
20. « Le téléphone à clavier est plus moderne, plus efficace parce qu'appuyer est plus facile, plus naturel. »
21. Avez-vous appelé les vôtres ? Utilisez notre service international. Il est rapide, sûr, économique.
22. Je veux appeler Caracas. Y a-t-il de l'attente ?
23. Comment peut-il y en avoir ! C'est automatique.

1. La señora de Góngora acaba de llamarle.
2. ¿ Qué quería ? ¿ Ha dejado un recado ?
3. Una carta por avión, ¿ cuánto tarda para llegar ?
4. Soy el señor Pizarro. ¿ Tengo correo en la lista ?
5. La correspondencia dirigida a Madrid, Valencia, Barcelona y Bilbao ha de llevar escrito el distrito postal.
6. Con este dato, se acelera la clasificación.
7. Queda prohibido expedir bultos que contengan materias explosivas o inflamables.
8. Quiero mandar un mensaje a un barco en alta mar.
9. ¿ Qué número tengo que marcar ? Es el 222.11.41.
10. En España, la administración de Correos y de Telefónica depende del ministerio de la Gobernación.
11. Ud me mandará la carta certificada. Es más seguro.
12. No me llames esta tarde, no estaré.
13. No contesta el número que Ud pide.
14. ¿ Quiere Ud repetir su llamada un poco más tarde ?
15. Tendrá Ud que llevar mucho dinero suelto si quiere llama desde un locutorio.
16. Desde Buitrago, se establecen comunicaciones internacionales vía satélites.
17. La Unión postal universal fue creada el 10 de julio de 1875.
18. ¿ Quiere Ud ponerse, por favor ? No entiendo nada de lo que dice este señor.
19. ¿ Quiere Ud un aparato enchufable o no ?
20. « El teléfono de teclado es más moderno, más eficaz porque pulsar es más fácil, más natural. »
21. ¿ Llamó Ud a los suyos ? Utilice nuestro servicio internacional. Es rápido, seguro, económico.
22. Quiero llamar a Caracas. ¿ Hay demora ?
23. ¡ Cómo la habrá ! Es automático.

el abonado	l'abonné
el acuse de recibo	l'accusé de réception
el aerograma	l'aérogramme
el apartado de correos	la boîte postale
el auricular	l'écouteur
el buzón	la boîte aux lettres
la cabina telefónica	la cabine téléphonique
el cambio de dirección	le changement d'adresse
la carta	la lettre
la carta certificada	la lettre recommandée
la carta exprés	la lettre exprès
la carta neumática	le pneumatique
la carta por avión	la lettre par avion
el cartero	le facteur, le préposé
la casilla postal (Amérique)	la boîte postale
la central	le standard, le central
el coche correo	la voiture postale
el código territorial	l'indicatif départemental
colgar	raccrocher
comunicación telefónica	communication téléphonique
conferencia a cobro revertido	communication en P.C.V.
conferencia interurbana	communication interurbaine
el correo	le courrier
Correos	la poste
descolgar	décrocher
el destinatario	le destinataire
¡ diga !	allô (l'appelé)
la dirección	l'adresse
el disco	le cadran
el distrito postal	l'arrondissement
el envío	l'envoi
estar comunicando	être occupé
exento de porte	franchise postale
la extensión	le poste
la ficha (de teléfono)	le jeton
franquear	affranchir
la franquicia postal	la franchise postale
el giro postal	le virement postal
la guía telefónica	l'annuaire téléphonique
los impresos	les imprimés
la lista de Correos	la poste restante
el locutorio	la cabine téléphonique
la llamada	l'appel
llamar por teléfono	téléphoner

marcar el número	composer le numéro
no cuelgue Ud	ne quittez pas
el número de teléfono	le numéro de téléphone
la oficina de Correos	le bureau de poste
¡ oiga !	allô (le demandeur)
la operadora	la standardiste
el paquete	le paquet
el paquete con valor declarado	le paquet avec valeur déclarée
pedir una conferencia	demander une communication
el pesacartas	le pèse-lettre
ponerse al teléfono	prendre la communication
porte debido	port dû
porte pagado	port payé
la postal	la carte postale
la recogida	la levée
la red	le réseau
el reparto	la distribution
el remitente	l'expéditeur
el sello	le timbre
las señas	l'adresse
servicio de averías	service dépannage
servicio de información	service des renseignements
servicio despertador	service du réveil
el sobre (con ventana transparente)	l'enveloppe (avec transparent)
la sobretasa	la surtaxe
el solicitado	le demandé, l'appelé
el solicitante	le demandeur
la tarifa básica	le tarif de base
la tarjeta postal	la carte postale
el teclado	le clavier
telefonear	téléphoner
la Telefónica	Compagnie du téléphone
la telefonista	la standardiste
el telegrama	le télégramme
el teletipo	le télétype
el telex	le télex
el timbre	la sonnerie
el tono (de marcar)	la tonalité
Unión postal de las Américas y España (U.P.A.E.)	Union postale des Amériques et d'Espagne (U.P.A.E.)
Unión postal universal	Union postale universelle
la ventanilla	le guichet
a vuelta de correo	par retour du courrier

XX

CORRESPONDENCIA COMERCIAL

CORRESPONDANCE COMMERCIALE

Les possibilités de communication écrite sont très nombreuses dans le domaine des activités commerciales. Nous en avons rencontré un certain nombre dans les dossiers précédents. Dans celui-ci, qui comporte 3 parties, nous nous limitons à offrir au lecteur :

A. Des indications pratiques sur la présentation d'une lettre commerciale (carta comercial)

A 1. L'adresse
A 2. La date
A 3. Formules de salutations
A 4. Formules de politesse finales
A 5. La signature
A 6. Pièces jointes
A 7. L'enveloppe

B. Des modèles de lettres commerciales

B 1. Constitution d'entreprise
B 2. Offre de marchandises
B 3. Envoi de conditions
B 4. Lettre de commande
B 5. Service après-vente
B 6. Demande de prorogation de règlement
B 7. Réclamation pour envoi non conforme

C. Phrases clés de la correspondance commerciale

- Ex. : **Sr. D. Pablo ROMERO**
  Reconquista, 13
  TORREMOLINOS (Málaga)
- S'il s'agit d'une personne, son nom **(apellido)** doit être précédé des abréviations :

Sr. (Señor)	**Sra. (Señora)**
Sres. (Señores)	**Sras. (Señoras)**

- Si l'on mentionne le prénom **(nombre de pila)** du destinataire, celui-ci doit être précédé des abréviations :

D. (Don)	**Sr. D. Juan Solana**
Dª. (Doña)	**Sr. Dª. María Falana**

- **Doña** n'est utilisé que si l'on s'adresse à une femme mariée. Pour une demoiselle, on écrira :

Srta. (Señorita)	**Srta. Carlota Falana**

- Le nom de la voie publique précède toujours le numéro de l'immeuble. Le mot **calle** (rue) est souvent omis s'il n'y a pas de confusion possible avec d'autres artères : **plaza, avenida,** etc.
- Après le nom de la localité, s'il ne s'agit pas d'une capitale, il convient d'ajouter le nom de la province, de l'État, ou encore le code postal.

XX A 2 La date : la fecha

- Ex. : **Barcelona, 30 de agosto de 200...**
- Après le nom de la ville d'origine, on indique dans l'ordre, le jour, le mois (en lettres, avec ou sans majuscule) et l'année.
- Attention : l'article **el** (le) ne figure jamais avant la date. Les deux prépositions **de** sont indispensables : **Caracas, 28 de diciembre de 200...**
- On trouvera parfois l'abréviation suivante : **Caracas, 28-XII-200...**

 XX A 3 **Formules de salutations : encabezamientos**

• S'il s'agit d'une personne inconnue ou peu connue, l'équivalent de « Monsieur » est **Muy señor mío :** ou **Muy Sr. mío :**. Cette formule évolue en fonction du nombre de signataires (1 S. ou 2 S. et plus) et de destinataires (1 D. ou 2 D. et plus) :

1S/1D	**Muy señor mío :**	**Muy señora mía :**
1S/2D	**Muy señores míos :**	**etc.**
2S/1D	**Muy señor nuestro :**	
2S/2D	**Muy señores nuestros :**	

• Si le destinataire est une personne bien connue, on utilise plutôt les expressions :

Estimado señor : **Estimada señora :**
Distinguido señor : **Distinguida señora :**

• La tendance actuelle est de substituer ces formules par de simples **Señor :** ou **Señores :** qui, à notre avis, ne conviennent que si l'on s'adresse à une entité quelconque plutôt qu'à une personne déterminée.

• **Querido/a/os/as...** (cher, chère...) s'emploient dans le cas de relations très amicales ou pour la correspondance privée.

• Toutes ces formules sont toujours suivies de deux points (:), jamais d'une virgule.

XX A 4 **Formules de politesse finales : antefirmas**

• Voici les expressions les plus usuelles :
Atentamente (avec attention) ou **muy atentamente.**
Le(s) saludo(amos) atentamente.
Le(s) saluda(n) atentamente,
Le(s) saluda(n) afectuosamente,
Dans ces deux derniers cas, le verbe a pour sujet le (ou les) nom(s) exprimé(s) par la signature, ce qui explique la virgule finale.

• Les abréviations de la formule **quedo de Ud(s) atento (afectuosísimo) y seguro servidor que estrecha su mano** sont très démodées :
Quedo de Ud(s) atto. (afmo.) y s.s. q.e.s.m.
Quedamos de Ud(s) attos. (afmos.) y ss. ss. q.e.s.m.

• Entre amis : **Recibe (Reciba Ud) un cordial saludo** ou **un abrazo** (une accolade).

XX A 5 La signature : la firma

• Si l'on écrit en qualité d'associé, de cadre ou d'employé d'une entreprise, il convient d'en indiquer la raison sociale au-dessus de la signature manuscrite. En dessous, on ajoutera les prénom et nom du signataire, surtout si la signature est illisible, et son titre.

Ex. : **ALBATROS S.A.**
(firma)
José CUESTA
gerente

• **P.P. (por poderes)** = par procuration

XX A 6 Pièces jointes : anexos

• La description des pièces jointes doit être précédée de la mention **anexo(s) :** ou bien de l'abréviation **adj. :** correspondant à **adjunto :** ou **adjuntamos :**.

XX A 7 L'enveloppe : el sobre

• Le nom et l'adresse du destinataire s'écrivent comme sur la lettre.

A la atención de	à l'intention de
A cargo de	aux bons soins de
En casa de	(id°) (privé)
Apartado	boîte postale
Certificado	recommandé
Confidencial	confidentiel
Contra reembolso	contre remboursement
Correo aéreo, por avión	par avion
Correo exprés	exprès
Destinatario	destinataire
Impresos	imprimés
Lista de correos	poste restante
Muestras (sin valor)	échantillons (sans valeur)
Particular	privé
A reexpedir al destinatario	faire suivre
Remitente	expéditeur
Sello	timbre
Urgente	urgent

Sr. D. Pablo PANTOJA
Vargas Llosa, 28
IQUITOS

Lima, 12 de mayo de 200...

Muy señor nuestro :

Tenemos el honor de comunicarle que acabamos de fundar en ésta una fábrica de calzado para señoras, caballeros y niños bajo la razón social de Aguirre y Cía.

Nuestra experiencia en el ramo, la instalación en nuestros talleres de las mejores y más modernas máquinas europeas que hasta la fecha se hayan montado en esta nación, el hecho de quel el Sr. Dubois, director del departamento de producción ocupaba idéntica responsabilidad en la importante sociedad francesa « Lignes nouvelles » de Burdeos, no dejan lugar a duda alguna sobre la inmejorable calidad del calzado que saldrá de nuestra fábrica.

Nos permitimos presentar le nuestras ofertas de servicios y tenemos la convicción de que si, por vía de ensayo, nos hace un pedido, Ud quedará satisfecho con nuestra política de producción de zapatos elegantes, sólidos y económicos.

Será particularmente grato a nuestro representante, Sr. D. Santiago Kerouac, visitarle próximamente para someterle la colección completa de nuestros artículos.

Podrá Ud obtener todos los informes relativos a nuestra solvencia, tanto moral como material, dirigiéndose a las entidades y empresas siguientes : Banco de la República, Banco del Pacífico, Sociedad importadora Wong e Hijos y Almacenes Raimundi.

Esperando tener la satisfacción de contarle entre nuestros clientes, le saludamos muy atentamente.

Aguirre y Cía
(firma)
R. Almagro
Director de ventas

Monsieur Paul PANTOJA
28, rue Vargas Llosa
IQUITOS

Lima, le 12 mai 200...

Monsieur,

Nous avons l'honneur de vous communiquer que nous venons de fonder dans cette ville une usine de chaussures pour dames, hommes et enfants sous la raison sociale d'Aguirre et Cie.

Notre expérience dans la branche, l'installation dans nos ateliers des meilleures et des plus modernes machines européennes qui aient été montées à ce jour dans ce pays, le fait que M. Dubois, directeur du service de production, occupait une responsabilité identique dans l'importante société française « Lignes nouvelles » de Bordeaux, ne laissent place à aucun doute quant à l'incomparable qualité de la chaussure qui sortira de notre usine.

Nous nous permettons de vous présenter nos offres de services et nous avons la conviction que si, à titre d'essai, vous nous passez une commande, vous serez satisfait de notre politique de production de chaussures élégantes, solides et économiques.

Il sera particulièrement agréable à notre représentant, M. Santiago Kerouac, de vous rendre visite prochainement pour vous soumettre la collection complète de nos articles. Vous pourrez obtenir tous les renseignements relatifs à notre solvabilité, tant morale que matérielle, en vous adressant aux organismes et entreprises suivants : Banque de la République, Banque du Pacifique, Société d'importation Wong et Fils et Magasins Raimundi.

En espérant avoir la satisfaction de vous compter parmi nos clients, nous vous prions d'agréer, Monsieur, l'expression de nos meilleurs sentiments.

Aguirre et Cie
(signature)
R. Almagro
Directeur des ventes

Muy señores nuestros :
Nuestra fábrica de Francia acaba de lanzar al mercado internacional un nuevo tipo de proyector que comercializamos en exclusiva para España.
Considerando el interés que presenta, nos dirigimos en primer lugar a nuestros clientes más antiguos.
En el catálogo adjunto, podrán comprobar todas sus cualidades así como su precio muy competitivo.
Adicionalmente, y como oferta especial por tratarse de un nuevo artículo, podemos hacerles un descuento del 5% para cantidades superiores a 20 ejemplares.
En espera de sus noticias, les saludan atentamente,

Cinetotal S.A.
(firma)
Pedro Llopís
Director comercial

XX B 3 **Envío de condiciones**

Estimado señor :
En respuesta a su carta del 6 del corriente, tenemos el placer de remitirle, por correo certificado, nuestro último catálogo así como la lista de precios.
En caso de formularse un pedido, las condiciones de pago son las ya conocidas por usted : letra a 60 días, vencimiento a fines de mes, o descuento del 3 % por pronto pago al contado.
La entrega se efectuaría en un plazo máximo de una semana, sin cargar ninguna cantidad por el transporte.
Quedamos de Ud attos. y ss. ss. q.e.s.m.

Messieurs,
Notre usine française vient de lancer sur le marché international un nouveau type de projecteur que nous commercialisons en exclusivité pour l'Espagne.
Considérant l'intérêt qu'il présente, nous nous adressons en premier lieu à nos clients les plus anciens.
Dans le catalogue ci-joint, vous pouvez vous rendre compte de toutes ses qualités ainsi que de son prix très compétitif.
De plus, et comme offre spéciale parce qu'il s'agit d'un article nouveau, nous pouvons vous faire une remise de 5% pour des quantités supérieures à 20 exemplaires.
Dans l'attente de vos nouvelles, veuillez...

CINETOTAL S.A.
(signature)
Pedro Llopis
Directeur commercial

XX B 3 Envoi de conditions

Monsieur,
En réponse à votre lettre du 6 courant, nous avons le plaisir de vous faire parvenir, sous pli recommandé, notre dernier catalogue ainsi que la liste des prix.
En cas de commande, les conditions de paiement sont celles que vous connaissez déjà : traite à 60 jours, échéance en fin de mois, ou escompte de 3% pour paiement rapide au comptant.
La livraison serait effectuée dans un délai maximum d'une semaine sans que vous soit débité le coût du transport.
Veuillez...

 Carta de pedido

Bilbao, 14 de mayo de 200...

Muy señores míos :

He recibido su carta del 12 del actual y les agradezco su oferta y sus muestras.

Sírvanse remitirme lo más pronto posible :

– 30 cerraduras modelo « Infranqueable »,

– 20 cerraduras modelo « Perenne ».

Les ruego tengan a bien hacer el envío cuanto antes, pues tengo mucha prisa por recibir estos artículos que espero vender en seguida. Si lograra darles salida en breve plazo, les haría un nuevo pedido a principios del mes próximo.

Les saluda atentamente,

R. Calabozo

XX B 5 **Asistencia posventa**

Estimado señor :

Acabamos de proceder al registro de su reloj en nuestros archivos. Es decir que desde ahora beneficia del servicio posventa « transmundial » que cubre más de cien países.

Estamos orgullosos de que su elección haya recaído sobre un modelo de nuestra marca y queremos recalcarle que dirigiéndose a un detallista Sideral, usted se pone en contacto con un especialista cuya competencia y experiencia son la garantía de la calidad de su reloj y de la seriedad del servicio posventa.

Haciendo votos para que su reloj le sirva largo tiempo y fielmente, le saludan atentamente,

Bilbao, le 14 mai 200...

Messieurs,

J'ai reçu votre lettre du 12 courant et je vous suis reconnaissant de votre offre et de vos échantillons.

Veuillez me faire parvenir le plus tôt possible :

– 30 serrures modèle « infranchissable »

– 20 serrures modèle « perpétuel ».

Je vous prie de bien vouloir faire cet envoi dès que possible car je suis très pressé de recevoir ces articles que j'espère vendre tout de suite. Si je parvenais à les écouler dans un court délai, je vous passerais une autre commande au début du mois prochain.

Je vous prie...

X B 5 Service après-vente

Monsieur,

Nous venons de procéder à l'enregistrement de votre montre dans nos archives. C'est-à-dire que désormais vous bénéficiez du service après-vente « transmundial » qui couvre plus de cent pays.

Nous sommes fiers de ce que votre choix se soit porté sur un modèle de notre marque et nous voulons souligner qu'en vous adressant à un détaillant Sideral, vous vous mettez en rapport avec un spécialiste dont la compétence et l'expérience sont la garantie de la qualité de votre montre et du sérieux du service après-vente.

En souhaitant que votre montre vous serve longtemps et fidèlement, nous vous prions...

Muy señores nuestros :
Acabamos de recibir su carta del 24 de abril en la que solicitan el pago inmediato de su factura núm. 5.349 del 10 de marzo.
Pidiéndoles excusas por este retraso, les rogamos se sirvan concedernos un breve aplazamiento en el pago.
La desorganización del mercado de las materias primas y el alza sufrida por las mismas nos ocasionaron momentáneamente algunas dificultades. Pero ahora, estos problemas se han solucionado y todas nuestras actividades han vuelto a su ritmo normal.
Para evitar situaciones de este tipo en el futuro, les agradeceríamos estudiaran la posibilidad de un pago mediante letra de cambio a 60 ó 90 días de la fecha de la factura.
En la esperanza de que sea atendida nuestra solicitud, les saludan atentamente,

XX B 7 Reclamación por envío no conforme

Muy señores míos :
Lamento mucho tener que manifestarles mi disconformidad con su envío del 10 del actual. Les había pedido 20 camisetas modelo « Acapulco » y 20 camisetas modelo « Bahía », pero me expidieron 40 camisetas del modelo « Acapulco ». Les rogaría me mandaran a la mayor brevedad las camisetas « Bahía » que faltan.
Por otra parte, si me concedieran una rebaja interesante, podría conservar las 20 camisetas « Acapulco » suplementarias.
En espera de sus noticias al respecto, les saluda atentamente,

Messieurs,
Nous venons de recevoir votre lettre du 24 avril dans laquelle vous demandez le paiement immédiat de votre facture n° 5.349 du 10 mars.
En vous présentant nos excuses pour ce retard, nous vous prions de bien vouloir nous accorder un bref report de ce règlement.
La désorganisation du marché des matières premières et la hausse qu'elles ont subie nous ont momentanément occasionné quelques difficultés. Mais à présent, ces problèmes ont trouvé une solution et toutes nos activités ont repris leur rythme normal.
Pour éviter des situations de cette sorte dans l'avenir, nous vous saurions gré d'étudier la possibilité d'un règlement au moyen d'une lettre de change à 60 ou 90 jours de date de la facture.
Dans l'espoir que notre demande sera prise en considération, nous vous prions d'agréer, Messieurs, l'expression de nos sentiments distingués.

XX B 7 **Réclamation pour envoi non conforme**

Messieurs,
Je regrette beaucoup de devoir vous faire part de mon désaccord avec votre envoi du 10 courant. Je vous avais commandé 20 chemisettes modèle « Acapulco » et 20 chemisettes modèle « Bahia » mais vous m'avez expédié 40 chemisettes du modèle « Acapulco ». Je vous prierais de m'envoyer le plus vite possible les chemisettes « Bahia » qui manquent.
D'autre part, si vous m'accordiez une remise intéressante, je pourrais conserver les 20 chemisettes « Acapulco » supplémentaires.
Dans l'attente de vos nouvelles à ce sujet, je vous prie d'agréer, Messieurs, l'expression de mes meilleurs sentiments.

• *Pour commencer une lettre commerciale :*

1. Je souhaiterais vous offrir mes services...
2. Nous devons votre adresse à...
3. On nous a informé que...
4. Il nous est très agréable de vous faire savoir...
5. J'ai le plaisir de vous communiquer...
6. J'accuse réception de votre lettre du...
7. Nous répondons à votre lettre du...
8. En réponse à votre télégramme...
9. Nous savons de sources bien informées...
10. C'est un plaisir pour moi de vous faire savoir...
11. Je me permets de vous rappeler ma facture du...
12. En confirmation de notre appel téléphonique du...
13. Nous avons entre les mains votre lettre du...
14. Par la présente nous confirmons...
15. Comme nous vous en avons informé le mois passé...
16. Pour votre information je vous communique que...
17. Nous vous demandons de bien vouloir excuser notre retard...
18. Nous regrettons d'apprendre, par votre lettre du...
19. Je regrette de ne pas pouvoir accepter votre offre.
20. En référence à notre lettre du...

• *Pour commencer un paragraphe :*

21. Comme nous l'avons indiqué plus haut...
22. Nous y incluons...
23. Il convient d'indiquer que...
24. Nous joignons copie de la facture...
25. Malheureusement... Heureusement...
26. Il semble que...

- **Para empezar una carta comercial :**

1. Desearía ofrecerle mis servicios...
2. Debemos su dirección a...
3. Nos han informado que...
4. Nos es muy grato darle a conocer...
5. Tengo el gusto de comunicarle...
6. Acuso recibo de su carta del...
7. Contestamos a su carta del...
8. En contestación a su telegrama...
9. Sabemos por fuentes bien informadas...
10. Es un placer para mí participarle...
11. Me permito recordarle mi factura del...
12. En confirmación de nuestra llamada telefónica del...
13. Obra en nuestro poder su carta del...
14. Por la presente confirmamos...
15. Según le informamos el mes pasado...
16. Para su información les comunico...
17. Le rogamos tenga la bondad de disculpar nuestro retraso...
18. Lamentamos saber, por su carta del...
19. Siento no poder aceptar su oferta...
20. Con referencia a nuestra carta del...

- **Para empezar un párrafo :**

21. Según mencionamos arriba...
22. Incluimos con ésta...
23. Conviene señalar que...
24. Adjuntamos copia de la factura...
25. Por desgracia... Afortunadamente...
26. Parece que...

• *Pour commencer un paragraphe* (suite) :

27. Nous voudrions vous proposer...
28. En accord avec vos instructions...
29. Nous sommes disposés à vous accorder...
30. Vous savez sans doute que...
31. Nous sommes d'accord...
32. D'accord quant à...
33. Je me réjouis de...
34. Nous sommes convaincus de ce que...
35. Nous souhaiterions ajouter que...
36. Je prends la liberté de vous rappeler...
37. Je vous prie de me régler la facture du...
38. Je vous prierais de me payer...
39. Veuillez nous adresser votre nouveau catalogue...
40. Veuillez annuler notre commande du...
41. Je vous prie de bien vouloir m'expédier...
42. Je vous prierais de bien vouloir...
43. Je vous suis reconnaissant de m'avoir retourné...
44. Je vous serais reconnaissant de me retourner ces emballages...

• *Pour terminer une lettre commerciale :*

45. Dans l'attente de vos nouvelles...
46. En vous remerciant à l'avance...
47. Nous sommes toujours à votre disposition...
48. En espérant que vous serez satisfait...
49. En vous priant de nous excuser...
50. Toujours à votre disposition...
51. En vous souhaitant beaucoup de succès dans vos affaires...
52. Nous espérons que notre offre vous intéressera...

- **Para empezar un párrafo** (continuación) :

27. Quisiéramos proponerle...
28. De acuerdo con sus instrucciones...
29. Estamos dispuestos a concederle...
30. Uds saben sin duda que...
31. Estamos de acuerdo...
32. Conforme en cuanto a...
33. Me alegro de... (celebro...)
34. Estamos convencidos de que...
35. Desearíamos añadir que...
36. Me tomo la libertad de recordarle...
37. Le ruego me pague la factura del...
38. Les rogaría me pagaran...
39. Sírvase dirigirnos su nuevo catálogo...
40. Sírvanse cancelar nuestro pedido del...
41. Le ruego se sirva (tenga a bien) expedirme...
42. Les rogaría se sirvieran (tuvieran a bien)...
43. Les agradezco me hayan devuelto...
44. Le agradecería me devolviera estos embalajes...

- **Para terminar una carta comercial :**

45. En espera de sus prontas noticias...
    (Pendiente de sus...) (aguardando sus...)
46. Agradeciéndole de antemano...
47. Quedamos siempre a su disposición...
48. Esperando quede Ud satisfecho...
49. Rogándole nos dispense (disculpe)
50. Siempre a su disposición
51. Deseándole mucho éxito en sus negocios...
52. Esperamos que le interese nuestra oferta...

XXbis

RÉVISIONS

Ce dossier comprend 3 parties :

A. Exercices de révision (A 1 à A 8)

B. Corrigés des exercices.

C. Tests (C 1 à C 3) suivis de leurs corrigés.

A 1. Traduire d'espagnol en français

1. el acreedor ; 2. afianzar ; 3. ahorrar ; 4. el corro ; 5. el deudor ; 6. en efectivo ; 7. el empréstito ; 8. los gastos ; 9. hundirse ; 10. la letra ; 11. el librado ; 12. el librador ; 13. la lonja ; 14. el pagaré a la orden ; 15. pedir prestado ; 16. el prestamista ; 17. el préstamo (recibido) ; 18. el préstamo (otorgado) ; 19. el prestatario ; 20. el presupuesto ; 21. el recordatorio ; 22. el rédito ; 23. los requisitos ; 24. el resguardo ; 25. devengar intereses ; 26. extender un documento ; 27. gestionar documentos ; 28. girar una letra a cargo de… ; 29. hacer gestiones ; 30. imponer dinero ; 31. satisfacer una deuda.

A 2. Traduire de français en espagnol

1. l'endos ; 2. l'acceptation ; 3. la garantie ; 4. l'encaissement ; 5. l'escompte ; 6. le correspondant ; 7. le reçu ; 8. le chèque barré ; 9. le taux d'intérêt ; 10. rembourser ; 11. le recto ; 12. avaliser une traite ; 13. la solvabilité ; 14. le virement bancaire ; 15. le financement ; 16. la caisse d'épargne ; 17. l'investissement ; 18. la hausse ; 19. la baisse ; 20. le cours (la cote ou la cotation) des actions.

A 3. Traduire de français en espagnol

1. Notre chiffre d'affaires croît régulièrement depuis 5 ans.
2. Ces titres constituent une excellente caution.
3. Cette traite est arrivée à échéance mercredi dernier.
4. S'il ne s'acquitte pas de sa dette, nous transmettrons son dossier au service du contentieux.
5. Le reçu doit être daté et signé par le vendeur.
6. Les banques n'accordent pas de crédits sans exiger des garanties.
7. L'actionnaire est propriétaire d'une société dans la proportion de sa participation au capital.
8. L'obligataire prête de l'argent, il n'est pas propriétaire mais créancier de l'entreprise.

A 4. Traduire d'espagnol en français

1. el alcance ; 2. el arrendamiento ; 3. el auge ; 4. la azafata ; 5. el blanco ; 6. el cartel ; 7. el compromiso ; 8. defraudar ; 9. el desgaste ; 10. estilarse ; 11. fomentar ; 12. el incentivo ; 13. el promedio ; 14. el regalo ; 15. el rótulo ; 16. el surtido ; 17. la temporada ; 18. los trámites ; 19. la ubicación ; 20. valorar ; 21. el desglose de los gastos ; 22. enfocar una solución ; 23. el fondo de operaciones ; 24. llevar a buen término ; 25. plantear un problema ; 26. el pliego de condiciones ; 27. el recorte de prensa ; 28. la valla publicitaria.

A 5. Traduire de français en espagnol

1. le consommateur ; 2. la société de consommation ; 3. l'offre et la demande ; 4. la découverte ; 5. la campagne publicitaire ; 6. concevoir ; 7. le concours ; 8. l'efficacité ; 9. l'enquête ; 10. la vitrine ; 11. la stratégie ; 12. le succès ; 13. l'échec ; 14. le style ; 15. la renommée ; 16. la foire-exposition ; 17. les soldes ; 18. le message ; 19. le pouvoir d'achat ; 20. la presse ; 21. relancer l'économie ; 22. trouver des débouchés.

A 6. Traduire de français en espagnol

1. L'assiette de l'impôt est le total des revenus moins les charges à déduire.
2. Le régime fiscal espagnol est aussi complexe que le français.
3. On assure le transport de toute sorte de marchandises contre tout genre de risques.
4. En cas de sinistre, l'assuré devra aussitôt en faire part à l'assureur.
5. Tous les faits comptables sont consignés dans le journal, dans l'ordre même où ils ont lieu.
6. Une fois par an, on doit dresser le bilan général des affaires d'une entreprise.
7. Plus l'adhésion du public à une marque est forte, moins la demande est élastique.

A 7.

a) Traduire en vous adressant à un seul destinataire :

1. Veuillez m'envoyer ces articles...
2. Veuillez nous envoyer...
3. Je vous prie de m'envoyer...
4. Nous vous prions de nous envoyer...
5. Je vous prie de bien vouloir m'envoyer...
6. Je vous prierais de m'envoyer...
7. Nous vous prierions de bien vouloir nous envoyer...
8. Je suis reconnaissant de m'avoir envoyé...
9. Nous vous serions obligés de bien vouloir nous envoyer...
10. Je vous demande de m'envoyer...
11. Nous vous demandons instamment de nous envoyer...
12. Je vous conseillerais de m'envoyer...
13. Je vous recommande de m'envoyer...
14. Nous vous avons recommandé de nous envoyer...

b) Traduire les mêmes phrases en vous adressant à plusieurs destinataires :

1. Veuillez m'envoyer ces articles... etc.

A 8. Écrire en toutes lettres les nombres suivants :

21 ó 31 francos ; 21 ó 31 pesetas ; 100 euros ; 105 ptas ; 566 francos ; 777 ptas ; 999 euros.

1.261 ; 12.388 ; 100.000 ; 1.000.010 ; 11.111.111 ; 523.400.834 ; 1.000.000.000

624.428.155 pesos
766.975.347 ptas

100 % ó 75 %

1,38 ; 2,50 ; 0,99.

1/2 ; 1/3 ; 1/4 ; 2/4 ó 5/8 ; 1/10 ò 1/20 ; 15/27.

Teléfono : 347.23.48.

• **Corrigé de l'exercice A 1.**

1. le créancier ; 2. cautionner ; 3. économiser ; 4. la corbeille ; 5. le débiteur ; 6. en espèces ; 7. l'emprunt obligataire ; 8. les frais ou les dépenses ; 9. s'effondrer ; 10. la lettre de change ; 11. le tiré ; 12. le tireur ; 13. la bourse de commerce ; 14. le billet à ordre ; 15. emprunter ; 16. le prêteur ; 17. l'emprunt ; 18. le prêt ; 19. l'emprunteur ; 20. le budget ; 21. la lettre de rappel ; 22. l'intérêt ; 23. les formalités ou les conditions requises ; 24. le récépissé ou le reçu ; 25. rapporter des intérêts ; 26. rédiger un document ; 27. procurer des documents ; 28. tirer une traite sur... ; 29. faire des démarches ; 30. placer de l'argent ; 31. régler une dette.

• **Corrigé de l'exercice A 2.**

1. el endoso ; 2. la aceptación ; 3. la garantía ; 4. el cobro ; 5. el descuento ; 6. el corresponsal ; 7. el recibo ; 8. el cheque cruzado ; 9. el tipo o la tasa de interés ; 10. reembolsar ; 11. el anverso ; 12. avalar una letra ; 13. la solvencia ; 14. la transferencia bancaria ; 15. la financiación ; 16. la caja de ahorros ; 17. la inversión ; 18. el alza ; 19. la baja ; 20. la cotización de las acciones.

• **Corrigé de l'exercice A 3.**

1. **Nuestro volumen global de facturación crece regularmente desde hace cinco años.**
2. **Estos títulos constituyen una excelente fianza.**
3. **Esta letra venció el miércoles pasado.**
4. **Si no satisface su deuda, transmitiremos su expediente al departamento contencioso.**
5. **El recibo tiene que ser fechado y firmado por el vendedor.**
6. **Los bancos no conceden créditos sin exigir garantías.**
7. **El accionista es propietario de una sociedad a proporción de su participación en el capital.**
8. **El obligacionista presta dinero, no es propietario sino acreedor de la empresa.**

• **Corrigé de l'exercice A 4.**

1. la portée ; 2. la location ; 3. l'essor ; 4. l'hôtesse ; 5. la cible ; 6. l'affiche ; 7. l'engagement ; 8. tromper ou décevoir ; 9. l'usure ; 10. être en usage, à la mode ; 11. encourager, favoriser ; 12. le stimulant ; 13. la moyenne ; 14. le cadeau ; 15. l'enseigne ou le panonceau ; 16. l'assortiment ; 17. la saison ; 18. les formalités ; 19. l'emplacement ; 20. évaluer ou estimer ; 21. la ventilation des frais ; 22. envisager une solution ; 23. le fonds de roulement ; 24. mener à bonne fin ; 25. poser un problème ; 26. le cahier des charges ; 27. la coupure de presse ; 28. le panneau publicitaire.

• **Corrigé de l'exercice A 5.**

1. el consumidor ; 2. la sociedad de consumo ; 3. la oferta y la demanda ; 4. el descubrimiento ; 5. la campaña publicitaria ; 6. concebir ; 7. el concurso ; 8. la eficacia ; 9. la encuesta ; 10. el escaparate ; 11. la estrategia ; 12. el éxito ; 13. el fracaso ; 14. el estilo ; 15. la fama ; 16. la feria de muestras ; 17. los saldos ; 18. el mensaje ; 19. el poder adquisitivo ; 20. la prensa ; 21. reactivar la economía ; 22. encontrar salidas.

• **Corrigé de l'exercice A 6.**

1. **La base imponible es el total de los ingresos menos los gastos deductibles.**
2. **El sistema tributario español es tan complejo como el francés.**
3. **Se asegura el transporte de toda clase de mercancías contra todo género de riesgos.**
4. **En caso de siniestro, el asegurado deberá participarlo inmediatamente al asegurador.**
5. **Todos los hechos contables se consignan en el diario en el orden mismo en que se verifican.**
6. **Una vez al año, se debe efectuar el balance general de los negocios de una empresa.**
7. **Cuanto más fuerte es la adhesión del público a una marca, menos elástica es la demanda.**

• Corrigé de l'exercice A 7.

a) Traduire en vous adressant à un seul destinataire :

1. Sírvase mandarme estos artículos...
2. Sírvase mandarnos...
3. Le ruego me mande...
4. Le rogamos nos mande...
5. Le ruego se sirva (tenga a bien) mandarme...
6. Le rogaría me mandara...
7. Le rogaríamos se sirviera (tuviera a bien) mandarnos...
8. Le agradezco me haya mandado...
9. Le agradeceríamos se sirviera mandarnos...
10. Le pido me mande...
11. Le suplicamos nos mande...
12. Le aconsejaría me mandara...
13. Le recomiendo me mande...
14. Le recomendamos nos mandara...

b) Traduire en vous adressant à plusieurs destinataires :

1. Sírvanse mandarme estos artículos...
2. Sírvanse mandarnos...
3. Les ruego me manden...
4. Les rogamos nos manden...
5. Les ruego se sirvan (tengan a bien) mandarme...
6. Les rogaría me mandaran...
7. Les rogaríamos se sirvieran (tuvieran a bien) mandarnos...
8. Les agradezco me hayan mandado...
9. Les agradeceríamos se sirvieran mandarnos...
10. Les pido me manden...
11. Les suplicamos nos manden...
12. Les aconsejaría me mandaran...
13. Les recomiendo me manden...
14. Les recomendamos nos mandaran...

Remarques sur l'exercice A 7.
1) Après les verbes d'ordre, de prière, etc., ou de sentiment, l'espagnol emploie le subjonctif là où le français emploie l'infinitif.
2) On supprime généralement la conjonction « que » après les verbes espagnols les plus fréquents en correspondance.

• **Corrigé de l'exercice A 8.**

Écrire en toutes lettres les nombres suivants :

21 ó 31 francos	veintiún o treinta y un francos
21 ó 31 pesetas	veintiuna o treinta y una pesetas
100 euros	cien euros
105 ptas (pesetas)	ciento cinco ptas
566 euros	quinientos sesenta y seis euros
777 ptas	setecientas setenta y siete ptas
999 euros	novecientos noventa y nueve euros
1.261	mil doscientos sesenta y uno
12.388	doce mil trescientos ochenta y ocho
100.000	cien mil
1.000.010	un millón diez
11.111.111	once millones ciento once mil ciento once
523.400.834	quinientos veintitrés millones cuatrocientos mil ochocientos treinta y cuatro
1.000.000.000	mil millones
624.428.155 pesos	seiscientos veinticuatro millones cuatrocientos veintiocho mil ciento cincuenta y cinco pesos
766.975.347 euros	setecientos sesenta y seis millones novecientas setenta y cinco mil trescientas cuarenta y siete euros
100 % ó 75 %	cien por cien o setenta y cinco por ciento
1,38	uno coma treinta y ocho (uno treinta y ocho)
2,50	dos y medio/a
0,99	cero coma noventa y nueve (cero noventa y nueve)
1/2	un medio *(math.)*, la mitad
1/3	un tercio (la tercera parte)
1/4	un cuarto (la cuarta parte)
3/4 ó 5/8	tres cuartos o cinco octavos
1/10 ó 1/20	un décimo o un veinteavo
15/27	quince veintisieteavos
Teléfono : 347.23.48	teléfono : tres cuatro siete, dos tres, cuatro ocho (tres cuarenta y siete, veintitrés, cuarenta y ocho).

C 1. Test - Correspondencia comercial (voir Dossier XX)

Compléter les blancs des phrases par l'une des quatre solutions proposées

1. Le ruego .... remitirme estas muestras.
a) se sirviera b) servirse
c) se sirve d) se sirva

2. Les pido .... lo más pronto posible.
a) me lo dicen b) decírmelo
c) me lo digan d) me lo dijeran

3. Les agradecería .... otro descuento.
a) me concedan b) me concedieran
c) concederme d) me conceden

4. Les rogamos .... las mercancías contra todo riesgo.
a) asegurarán b) asegurar
c) aseguran d) aseguren

5. .... nos contestaran a vuelta de correo.
a) les agradeceríamos b) les agradecería
c) le agradecería d) le agradeceríamos

6. Les rogaría .... decirme cuáles serían sus condiciones de entrega.
a) se sirvan b) se sirvieran
c) se sirviese d) se sirva

7. Estimados señores : .... enviarnos su nuevo catálogo.
a) servíos b) se sirvan
c) sírvanse d) sírvase

8. Nos permitimos aconsejarle .... su pedido.
a) mandarnos b) nos mande
c) nos manden d) nos manda

9. .... saber qué rebaja nos podrían conceder.
a) queramos b) quisiéremos
c) quisiésemos d) quisiéramos

10. Si Ud .... este modelo, podría convenirnos.
a) tenía b) tenga
c) tuviera d) tendría

11. En cuanto .... decir algo definitivo, les volveremos a escribir.
a) podamos b) pudiéramos
c) podremos d) podríamos

C 1. Test (suite)

12. Les .... tengan a bien disculparnos por este error.
    a) ruego b) rogamos
    c) rogaría d) rogaríamos

13. Si lo ...., se lo diríamos.
    a) sabíamos b) sabríamos
    c) supiéramos d) sepamos

14. Tan pronto como .... la factura, le mandaremos el cheque.
    a) recibamos b) recibiremos
    c) recibiéramos d) recibiríamos

15. Le recomendaría .... a nuestra sucursal de Maracaibo.
    a) se dirija b) dirigirse
    c) se dirige d) se dirigiera

16. Les agradecemos .... carta del 5 del actual.
    a) de vuestra b) su
    c) de su d) vuestra

17. Estamos seguros de que las mercancías .... a tiempo.
    a) lleguen b) llegasen
    c) llegarán d) llegaran

18. .... nos disculpen por no haber contestado antes a su carta.
    a) le rogamos b) les rogaríamos
    c) les rogamos d) le rogaríamos

19. Nos permitimos .... a Uds que seguimos en la espera de su respuesta.
    a) recordarles b) recordar
    c) recordarlos d) recordaros

20. Su envío, ... le agradezco mucho, llegó ayer en buenas condiciones.
    a) de que b) que
    c) cuyo d) de cuyo

Corrigé C 1 : 1. d ; 2. c ; 3. b ; 4. d ; 5. a ; 6. b ; 7. c ; 8. b ; 9. d ; 10. c ; 11. a ; 12. b ; 13. c ; 14. a ; 15. d ; 16. b ; 17. c ; 18. c ; 19. a ; 20. b.

C 2. Test

1. El contable hace .... a un obrero.
   a) un avance b) un anticipo
   c) un adelantamiento d) un avanzo

2. El asegurador se compromete a indemnizar al asegurado por .... que podría ocurrir.
   a) el perjuicio b) el perjurio
   c) el perjuro d) el prejuicio

3. Se otorga .... por defecto o no conformidad de la mercancía recibida por el cliente.
   a) una remisión b) una remesa
   c) un rebajamiento d) una rebaja

4. La factura .... representa el importe correspondiente a una mercancía averiada y ya pagada.
   a) proforma b) provisional
   c) de abono d) consular

5. Un saldo puede arrojar .... o un déficit.
   a) una excedencia b) un supéravit
   c) un exceso d) una superación

6. Se pueden .... las letras a la vista, a tantos días o meses, o a fecha determinada.
   a) tirar b) sacar
   c) girar d) valorar

7. .... es el recuento del dinero que está en la caja.
   a) el canje b) el cajero
   c) el arquero d) el arqueo

8. .... refleja en la contabilidad el proceso de depreciación.
   a) la aminoración b) la amortiguación
   c) la amortización d) el amortiguamiento

9. Le mandaré una carta ...., es más seguro.
   a) recomendada b) registrada
   c) asegurada d) certificada

10. En la bolsa, ... general indica una suave recuperación.
    a) el indicio b) el índice
    c) el índex d) el indicador

11. Quisiera una conferencia a cobro ....
    a) revertido b) revesado
    c) reversible d) reversivo

C 2. Test (suite)

12. En caso de negativa de pago o de aceptación de una letra, se manda hacer ....
    a) un protesto b) una protesta
    c) un protestón d) una protestación

Corrigé C 2 : 1. b ; 2. a ; 3. d ; 4. c ; 5. b ; 6. c ; 7. d ; 8. c ; 9. d ; 10. b ; 11. a ; 12. a.

C 3. Test de compréhension

A la page suivante, vous trouverez une série de questions se rapportant au texte présenté ci-dessous qu'il convient donc de lire très attentivement.

En los últimos tiempos se han multiplicado de modo inquietante las voces de alarma sobre la crisis de energía.

La demanda de energía en el mundo adquiere características fantásticas. El consumo se duplica cada diez años y no podemos ignorar que no producimos energía, sino que la utilizamos. Sobre todo el carbón y el petróleo son fuentes de energía que se consumen y van desapareciendo. La fuerza hidráulica – es decir la fuerza del agua que corre – es la única que no faltará : la energía solar la renueva continuamente. La situación más inquietante es la del petróleo porque cada año su consumo aumenta. Se sabe que en el año 2000 su consumo pasará de siete mil millones de barriles anuales.

El hombre busca constantemente nuevas fuentes de energía. La energía nuclear ha empezado a sustituir otras fuentes y tiene muchas posibilidades para el futuro. Además, como la base de energía de nuestro planeta viene del sol, se ha pensado absorber directamente los rayos solares. La energía solar es la única forma de energía que no va a desaparecer y que no contamina.

Toda la cuestión de la energía solar y de sus aplicaciones ha sido estudiada y debatida por científicos de muchos países en un congreso internacional celebrado en París, cuyo tema fue : « el sol al servicio del hombre ».

C 3. Test de compréhension (suite)

Sans consulter davantage le texte de la page précédente, vous devez choisir la réponse correcte parmi les quatre solutions proposées.

1. ¿ Por qué existe un problema de energía ?
a) Las fuentes tradicionales de energía son abundantes ; b) Hay un número suficiente de depósitos de petróleo en el mundo ; c) Utilizamos las fuentes actuales de energía con demasiada rapidez ; d) Menos gente quiere trabajar en las minas.

2. La fuerza hidráulica durará mucho tiempo porque :
a) las instalaciones son numerosas ; b) la energía del sol la restaura ; c) las máquinas hidráulicas nunca se rompen ; d) las plantas nucleares se encuentran en todas partes.

3. ¿ Qué podrá ocurrir en el año 2000 ?
a) El consumo de petróleo subirá enormemente ; b) Habrá menos reactores nucleares ; c) La producción de petróleo será suficiente ; d) Se acabará el carbón.

4. El hombre continuamente busca :
a) investigadores interesados en soluciones originales ; b) otros modos de producír energía en el mundo ; c) ideas extrañas sobre el problema ; d) laboratorios dedicados al estudio nuclear.

5. El asunto principal del congreso internacional de París fue :
a) el uso de reactores nucleares ; b) la explotación del petróleo ; c) el problema de la creciente población mundial ; d) la utilización del sol por el hombre.

Corrigé C 3 : 1. c ; 2. b ; 3. a ; 4. b ; 5. d.

acc.	**acción** : action
art.	**artículo** : article
B/	**bala o bulto** : balle ou colis
Bco.	**banco** : banque
Bto.	**bruto** : brut
C/	**caja** : caisse
cta.	**cuenta** : compte
c/c.	**cuenta corriente** : compte courant
Cía.	**compañía** : compagnie
com.	**comisión** : commission
C.I.F.	**coste, seguro y flete** : coût, assurance, fret (C.A.F.)
ch/	**cheque** : chèque
d.f.	**... días fecha** : ... jours à partir de l'émission (échéance d'une traite)
d.v.	**... días vista** : ... jours à partir de l'acceptation (échéance d'une traite)
E/	**efectos** : effets
F.A.S.	**franco al costado del buque** : franco le long du navire
fra.	**factura** : facture
fha.	**fecha** : date
f.c.	**ferrocarril** : chemin de fer
Fcos.	**francos** : francs
F.O.B.	**franco a bordo** : franco à bord
F.O.R.	**franco vagón** : franco wagon
F.O.T.	**franco camión** : franco camion
G.P.	**giro postal** : mandat postal
G.T.	**giro telegráfico** : mandat télégraphique
g.v.	**gran velocidad** : grande vitesse
Hnos.	**hermanos** : frères
L/	**letra de cambio** : lettre de change
Ltda.	**limitada** : limitée
m/	**mi, mis, meses** : mon, ma, mes, mois
mercs.	**mercancías** : marchandises
n/	**nuestro/a/os/as** : notre, nos
núm. ; N°	**número** : numéro
o/	**orden** : ordre
del ppdo.	**del próximo pasado** : du mois dernier
p.v.	**pequeña velocidad** : petite vitesse
Ptas.	**pesetas** : pesètes
pzas.	**piezas** : pièces
%	**por ciento** : pour cent
p.d.	**porte debido** : port dû
p.p.	**porte pagado o por poderes** : port payé ou par procuration
P.D.	**postdata** : P.S., post-scriptum
Ps.	**pesos**
Sdo.	**saldo** : solde
S.E.U.O.	**salvo error u omisión** : sauf erreur ou omission
S.A.	**sociedad anónima** : société anonyme
S. en C.	**sociedad en comandita** : société en commandite
S.L.	**sociedad limitada** : société à responsabilité limitée
s/	**su, sus, sobre** : votre, vos, sur
Suc.	**sucursal** : succursale
v/	**valor** : valeur
vt°.	**vencimiento** : échéance
V°B°.	**visto bueno** : vu et approuvé

INDEX

La liste ci-dessous correspond aux mots faisant l'objet d'un développement, d'une définition ou d'une explication. Les chiffres renvoient aux pages ; le signe + signifie : « et pages suivantes ».

Impression réalisée sur Presse Offset par

CPI
Brodard & Taupin

40228 – La Flèche (Sarthe), le 15-02-2007
Dépôt légal : 2e trimestre 1981
Suite du premier tirage : février 2007

POCKET – 12, avenue d'Italie - 75627 Paris cedex 13

Imprimé en France